Bernd Schmidt

Dem Leben einen Sinn geben
oder
Auf der Suche nach dem Glück

Shaker Media

Bibliografische Information der Deutschen Nationalbibliothek
Die Deutsche Nationalbibliothek verzeichnet diese Publikation in der
Deutschen Nationalbibliografie; detaillierte bibliografische Daten sind
im Internet über http://dnb.d-nb.de abrufbar.

Printed in Germany.

ISBN 978-3-86858-568-1

Shaker Media GmbH · Postfach 101818 · 52018 Aachen
Telefon: 0 24 07 / 9 59 64 - 0 · Telefax: 0 24 07 / 9 59 64 - 9
Internet: www.shaker-media.de · E-Mail: info@shaker-media.de

Möge der Leser,
wo wir gleichermaßen zuversichtlich sind,
mit mir ausschreiten;
wo wir gleichermaßen ratlos sind,
mit mir innehalten, um zu untersuchen;
wo er sich im Irrtum befindet,
auf meine Seite treten;
wo er mich irren sieht,
mich auf seine Seite rufen.

(Augustinus)

Inhaltsverzeichnis

Anhang
Eine naturalistische Handlungstheorie
und die Gestaltung des eigenen Lebens

Vorwort

Der Mensch ist ein Naturwesen, das sich durch die Evolution aus niederen Lebensformen herausgebildet hat. Durch seine geistigen Leistungen hat er sich von der Instinktgebundenheit gelöst und ist zur freien Lebensgestaltung fähig geworden. Diese Freiheit bedeutet herausragende Möglichkeiten, beinhaltet jedoch gleichzeitig eine schwere Last und Aufgabe, da ihm jetzt die Gestaltung seines Lebens aufgetragen ist.

Für diese Aufgabe kann man drei Bereiche erkennen:

Die Wahl einer Lebensform

Hierunter versteht man die freie, existentielle und persönliche Entscheidung, sein Leben nach bestimmten Grundsätzen auszurichten, um ihm damit Ziel und Sinn zu geben. Der Lebenskunst wächst hier die wichtigste Aufgabe zu.

Die Überlegungen zur Verwirklichung der Grundsätze, die die Lebensform ausmachen

Die Lebensform enthält ganz allgemeine Vorstellungen von einem erfüllten und sinnvollen Leben. Diese Vorstellungen müssen durch Überlegungen ergänzt werden, die zeigen, auf welche Weise die Lebensform verwirklicht und die vorgestellten Ziele erreicht werden können. Es sind die Tugenden, die diese Aufgabe als Richtschnur und Wegweiser übernehmen.

Die individuelle Ausgestaltung der Lebensform

Für die individuelle Ausgestaltung der Lebensform lassen sich keine allgemeinverbindlichen Regeln angeben. Das menschliche Leben ist so reich, so bunt und so vielgestaltig, dass eine kasuistische Festlegung nicht möglich ist. Vielmehr verlangen die immer wieder anders gestalteten Herausforderungen des Alltagslebens eine je eigene Antwort, die in der Verantwortung des einzelnen liegt und die ihm durch kein Buch mit vorgefertigten Verhaltensvorschriften abgenommen werden kann.

Die hier vorgestellte humanistische Ethik möchte eine Lebensform anbieten, die sich durch die folgenden Grundsätze auszeichnet:

Mitmenschlichkeit

Die Mitmenschlichkeit entsteht aus dem Gefühl der Zusammengehörigkeit, das auf der Einsicht beruht, dass alle Menschen im gleichen

Boot sitzen, vergleichbare Bedürfnisse haben und jeweils eine eigene Lebensform verwirklichen wollen. Ein rücksichtsloser Egoismus, der nur den eigenen Vorteil, das eigene Vergnügen und den eigenen Gewinn sieht, ist ausgeschlossen. Stattdessen stehen Eigenschaften wie z.B. Hilfsbereitschaft, Aufmerksamkeit und emotionale Zuwendung im Vordergrund.

Der Gemeinsinn

Der Mensch ist ein Gemeinschaftswesen und auf soziale Kontakte lebensnotwendig angewiesen. Er braucht die mitmenschliche Gemeinschaft, um sich seinen eigenen Möglichkeiten entsprechend voll entfalten zu können.

Nun muss man deutlich sehen, dass Gemeinschaft immer auch soziale Kontrolle und damit eine Einschränkung der persönlichen Freiheit und der individuellen Entfaltungsmöglichkeiten bedeutet. Man kann grundsätzlich nicht beides zugleich haben, enge Gemeinschaft und unbegrenzte Freiheit.

Daher muss das Verhältnis zwischen Gemeinschaft und Freiheit immer wieder sorgsam und fein abgestimmt werden.

Eintreten für Gerechtigkeit und Ordnung

Das gemeinschaftliche Zusammenleben muss durch eine Ordnung geregelt und gegen Übertretungen abgesichert werden. Die Anerkennung dieser Ordnung verlangt, dass nicht nur der individuelle Vorteil im Auge behalten wird, sondern gleichberechtigt auch das Gemeinwohl im Blick bleibt. Eine derartige Ordnung stellt sich nicht von allein ein, sondern ist immer eine zu bewältigende Aufgabe.

Nur eine Ordnung, die auf Gerechtigkeit basiert, macht ein friedliches Miteinander von Menschen und Völkern möglich.

Weltfrömmigkeit

Der Mensch ist ein Naturwesen und als solches ein Teil der Natur und in die Natur eingebunden. Die Technisierung unserer Umwelt kann diese Abhängigkeit vermindern, jedoch nicht ausschalten. Hieraus folgt die Verantwortung für die Pflege und den Erhalt der Natur und zwar nicht nur aus anthropozentrischen Gründen, die die Natur nur gelten lassen, soweit sie für den Menschen nützlich ist.

Würde und Selbstwert

Jedem Menschen werden eine ihm eigene Würde und ein eigener Selbstwert zuerkannt. Hiermit ist das Recht verbunden, die ihm zugehörigen Möglichkeiten zur Entfaltung zu bringen und ein Leben nach eigenen Vorstellungen zu gestalten. Die Menschenrechte ermöglichen ihm die individuellen Freiheiten, die hierfür erforderlich sind.

Dankbarkeit

Die Dankbarkeit schärft den Blick für das viele Gute, das uns zuteil geworden ist. Sie lässt uns immer wieder bewusst werden, welch wunderbares Geschenk dieses Leben ist. Sie verhindert, dass die kleinen Ärgernisse des Alltags uns die reiche und bunte Welt um uns herum, die Mitmenschen, die Mittiere, die Mitnatur grau und gleichgültig werden lassen.

Die hier aufgeführten Überzeugungen können die Grundlage und die Ausgestaltung für eine Lebensform abgeben, die zu einem erfüllten und sinnvollen Leben führen. Es handelt sich hierbei um eine freie, existentielle und persönliche Entscheidung, die sich nicht rational begründen lässt.

Alternative Möglichkeiten wären z.B. der Machtmensch nach Nietzsche oder ein entsagungsvolles, alles Irdische gering schätzende Mönchtum.

Die hier empfohlene Lebensform kann man nur vorstellen und empfehlen; man muss sie, wie Bonhoeffer sagt, wie einen schönen und reifen Apfel anbieten. Die Buchführung am Ende des Lebens könnte zeigen, dass sich dadurch ein reiches und erfülltes Leben ergeben hat, reicher und erfüllter als durch andere Lebensformen.

Die dargestellten Grundsätze einer Lebensform sind noch sehr allgemein. Sie müssen ergänzt werden durch Hinweise und Ratschläge, wie sie in einer vielgestaltigen, konfliktreichen Welt verwirklicht werden können. Es sind die Tugenden, denen diese Aufgabe zugewiesen wird.

Aus dieser Aufgabe folgen zwei Gesichtspunkte:

Einmal wird den Tugenden damit der Beigeschmack einer freudlosen Enthaltsamkeit und einer grauen Verdrießlichkeit genommen. Ganz im Gegenteil sollen sie zu einem erfüllten und sinnvoll gestalteten Leben führen.

Zum Zweiten sieht man, dass die Tugenden keinen normativen Anteil enthalten. Sie haben nichts mit Sollen zu tun. Vielmehr umfassen sie empirisch feststellbares Weltwissen, das auf Erfahrung begründet zeigt, wie sich die Ziele einer Lebensform erreichen lassen.

Der Tugenden gibt es viele. Es lassen sich umfangreiche Tugendkataloge zusammenstellen. Im Abendland haben sich die so genannten vier

Kardinaltugenden entwickelt, von denen man annehmen kann, dass sie die wichtigsten sind und damit die Basis für weitere, untergeordnete Tugenden sein können. Sie werden im Folgenden zugrunde gelegt:

Weisheit

Die Weisheit zeigt, wie es in der Welt zugeht. Sie umfasst Transzendenzbewusstsein, Weltwissen und Ich-Erfahrung. Auf dieser Grundlage ist auch die Beurteilung anderer Lebensformen und deren Vergleich möglich.

Mäßigkeit

Die Mäßigkeit hilft, die eigenen Vorstellungen, die man für die Lebensführung als wichtig erachtet, durchzuhalten und gegen Versuchungen aller Art, die vom vorgesehenen Weg abbringen wollen, abzuschirmen. Der eigene Wille muss sich hier gegen andere Motive durchsetzen.

Tapferkeit

Die Tapferkeit soll es möglich machen, am eigenen Lebensentwurf auch bei Gefahren und Anfeindungen festzuhalten.

Gerechtigkeit

Die Gerechtigkeit muss herausfinden, was jedem Einzelnen in einer Gemeinschaft zusteht und worauf er Anspruch hat.

Die Lebenskunst darf sich nicht auf den Entwurf einer Lebensform beschränken. Sie muss sich mit der Frage nach dem Lebensglück befassen. Kann Lebensglück oberstes Lebensziel sein?
Bedauerlicherweise ist der Begriff Glück nicht scharf definiert. Die Umgangssprache bezeichnet ganz unterschiedliche Sachverhalte mit diesem Wort. Es wird daher notwendig sein, eine erste, vorsichtige Unterscheidung einzuführen.
Glück wird verwendet, um ein zufälliges, unerwartetes und erfreuliches Ereignis zu bezeichnen. Man hat Glück, wenn man in der Lotterie gewinnt. Diese Bedeutung kann im Folgenden außer Betracht bleiben.
Oftmals wird Glück mit Lust gleichgesetzt. Lust ist hierbei das angenehme Gefühl, das sich einstellt, wenn elementare, physische und psychische Bedürfnisse befriedigt werden. Dieses Gefühl kann man z.B. erleben, wenn man Hunger hat und dann etwas zu essen bekommt. Unlust spürt man, wenn Bedürfnisse dieser Art versagt werden.
Eine hedonistische Lebensform beschränkt sich auf das Streben nach Lusterlebnissen und auf die Vermeidung von Unlust. Es gibt gute Gründe, diese Lebensform als nicht sinnvoll abzulehnen.

Glück kann jedoch auch ein lang anhaltendes Gefühl sein, das von einer inneren Zufriedenheit und vom Bewusstsein der eigenen Würde und des eigenen Wertes getragen wird. Ein sinnvoll geführtes Leben ist die Voraussetzung hierfür.

Dazu kommen äußere Umstände, wie z.B. ein erfülltes Familienleben, Anerkennung in der Gesellschaft, Gesundheit oder Wohlstand und Sicherheit. Die griechische Philosophie bezeichnet diese Art von Glück mit dem Wort Eudaimonia. Um Verwechslungen mit dem hedonistischen Glücksbegriff, der sich an Lust orientiert, zu vermeiden, wird im Folgenden das Wort Eudaimonia beibehalten.

Eudaimonia ist ein hoher Wert, der einen ganz wichtigen Teil der Lebenskunst ausmacht. Es scheint jedoch so zu sein, dass Eudaimonia selbst nicht Lebensziel sein kann. Die Erfahrung zeigt, dass Eudaimonia verschwindet, sobald sie selbst zum Lebensziel gemacht wird. Eudaimonia stellt sich wie von selbst ein, wenn man das Gefühl hat, ein sinnvolles und erfülltes Leben zu führen.

Die Wahl der Lebensform

Lebenssinn kann man nicht entdecken wie einen neuen Stern; man kann ihn auch nicht finden wie ein noch unbekanntes Naturgesetz. Vielmehr verlangt der Lebenssinn eine freie, existentielle und persönliche Entscheidung, sein Leben nach bestimmten Grundsätzen auszurichten, um ihm damit ein Ziel zu geben.

In unserer Gesellschaft beklagt man den Werteverlust und die Orientierungslosigkeit. Woran soll man sich halten, wonach soll man sich richten?

Wir leben in einem säkularisierten, pluralistischen Umfeld. Weltanschauungen, Ideologien und Religionen, die eine Letztbegründung ethischer Normen behaupten, haben ihre Überzeugungskraft verloren.

Ist unsere Lebenssituation tatsächlich so, dass wir uns mit unserem Schiff auf offenem Meer an einer Leuchtmarke orientieren, die wir an unserem eigenen Bug festgemacht haben? Bleibt der intellektuellen Aufrichtigkeit, die nicht vorschnell zu Ersatzbefriedigungen greift, nur die Skepsis oder der modische Relativismus einer so genannten Postmoderne?

Es zeigt sich, dass es tatsächlich keine Fixsterne als unveränderliche Orientierungspunkte für ethisches Handeln gibt. Es besteht jedoch die Möglichkeit, in freier Entscheidung einen Stern auszuwählen und ihn für sich als Lebensziel zu akzeptieren. Man hat dann zwar keine unverrückbaren, unbezweifelbaren Gewissheiten, aber man kann sich an etwas orientieren, was dem eigenen Leben Sinn und Ziel zu geben vermag und was einem beliebigen, subjektiven Relativismus entzogen ist.

Die ethischen Normen, die in der vorliegenden Betrachtung empfohlen werden, haben überzeitlichen Charakter und finden sich in nahezu allen gesellschaftlichen Lebensformen. In nahezu allen Religionen sind sie als Grundregeln enthalten. Sie scheinen etwas allgemein Menschliches zu betreffen, was über Zeitalter, Kulturkreise und Religionen hinausreicht. Diese Grundregeln dienen einem gedeihlichen Zusammenleben, helfen Konflikte zu vermeiden und fördern das individuelle Glück der Betroffenen. Sie haben vielfache Bewährungsproben bestanden und sich im Laufe der Zeit als brauchbar erwiesen.

Wir leben in einer immer enger zusammenwachsenden Welt. Andere Weltanschauungen und Religionen kommen verstärkt ins Blickfeld und zwingen zur Auseinandersetzung. Das selbstgefällige Bewusstsein eines krähwinkeligen Europa, allein im Besitz der Wahrheit oder der richtigen

Verhaltensweisen zu sein, schwindet. Gesucht sind allgemeine, weltumspannende Maßstäbe. In diesem Zusammenhang versteht sich die vorliegende Arbeit als Beitrag zu dem Bemühen, ein allgemein anerkanntes Weltethos aufzubauen und hier die abendländischen Erfahrungen einzubringen.

1 Die ethischen Grundlagen

Es gibt keine ethischen Normen, Maximen oder Forderungen, die allgemeingültig sind und damit eine für alle gültige Verbindlichkeit verlangen. Eine Letztbegründung lässt sich hierfür nicht angeben. Dennoch kann man eine Lebensform finden, die sich vor anderen, möglichen Lebensformen auszeichnet.

Die Frage nach der sinnvollen Lebensform und damit nach dem richtigen Handeln und deren Begründung hat die Geschichte der Philosophie von Anfang an begleitet. Es ist die Ethik, die sich um eine Antwort bemüht.

Gibt es eine Letztbegründung, die eine allem Relativismus entzogene Darstellung dessen liefern kann, was richtig, gut und gerecht ist? Oder sind diese Vorstellungen nur Illusion, die einem verständlichen menschlichen Bedürfnis nach Handlungsgewissheit entgegenkommen, letztendlich aber nicht gerechtfertigt werden können? Bleiben einem aufrichtigen Denken, das sich nicht voreilig mit Scheinlösungen zufrieden geben will, nur die Skepsis und die Einsicht, dass die eine Lebensform so wenig begründbar ist wie die andere? Müssen wir das menschliche Handeln einem inhaltslosen Relativismus überantworten, der zerstörend wirken muss, weil dieser nur die vorgefundene kulturelle oder soziale Wirklichkeit kennt und keine endgültige Bewertung zur Richtschnur des Handelns machen kann?

Um eine Lebensform mit den damit verbundenen Grundsätzen beurteilen zu können, sind ganz grundsätzlich zwei Positionen möglich:

- Es gibt neben vielen, relativen Handlungsregeln und den kulturell und sozial abhängigen Verhaltensnormen eine übergeordnete, zeitlich nicht eingeschränkte, immer und unter allen Umständen gültige Ethik. Diese ethischen Vorgaben sind ganz allgemein und auch erkennbar.
- Eine Letztbegründung für eine Lebensform ist nicht möglich. Man kann sich nur frei für eine Lebensform entscheiden. Allerdings kann man der Überzeugung sein, dass eine Lebensform, die nach einem

sinnvollen und erfüllten Leben strebt, anderen Lebensformen vorzuziehen ist.

1.1 Die Letztbegründung in der Ethik

*Die Philosophie hat sich von Anfang an immer wieder um eine
Letztbegründung in der Ethik bemüht. Es gibt einige grundsätzliche
Ansätze, die in diesem Zusammenhang von Bedeutung sind. Es
handelt sich um die natürliche Ordnung, der man als Mensch verpflichtet ist, um an sich existierende Werte, die Verhalten festlegen,
und um das Sittengesetz, das uneingeschränkte Befolgung verlangt.*

Die absolute Gültigkeit einer Ethik würde verlangen, dass es über
alle durch die Gesellschaft sorgsam erdachten Normen und Verhaltensvorschriften hinweg eine ewige, ungeschriebene Lebensregel gibt,
die sowohl allgemeingültig als auch erkennbar ist.

Ein eindrucksvolles Beispiel des Gegensatzes zwischen von Menschen
gemachten positiven Normen und der ewig gültigen Ethik gibt Sopho-
kles' Antigone. Der Herrscher Kreon hatte eine Verordnung erlassen, die
es Antigone verbot, ihren toten Bruder zu bestatten. Antigone tut es
dennoch mit Hinweis auf ein ewig gültiges Gebot, das höher steht als
alles Menschenwerk:

Kreon: Und wagtest dennoch, mein Gesetz zu brechen?
Antigone: War es doch Zeus nicht, der mir das geboten,
noch Dike, wohnend bei den untern Göttern,
die solch Gesetz den Menschen aufgestellt.
Und schien mir deine Botschaft nicht so mächtig,
dass Sterbliche der Götter ungeschriebne,
ewige Satzungen überholen könnten.
Denn jetzt und gestern nicht, nein immerdar
lebt die und niemand weiß, woher sie kam.

Es gibt zahlreiche Versuche, einen Nachweis für die absolute Gültigkeit
von Normen zu erbringen. Drei von ihnen sollen kurz erwähnt werden:
* Die natürliche Ordnung
  Es gibt eine natürliche Ordnung der Dinge. Dieser Ordnung wohnt
  ein unbedingter Sollensanspruch inne. Die Ordnung ist erkennbar.

- Die Werteordnung
  Neben der beobachtbaren, realen Welt gibt es eine ideale Welt der Werte.
  Diese Werte können mit Hilfe eines dem Menschen innewohnenden ethischen Empfindens erspürt werden.
- Das Sittengesetz
  Es gibt ein allgemeinverbindliches Sittengesetz, das für alle gültig ist. Dieses Sittengesetz lässt sich durch den Verstand logisch erschließen.

Alle drei Möglichkeiten werden in der Ethik ausführlich diskutiert. Siehe hierzu jede beliebige Einführung in die Philosophie der Ethik, z.B. [1] oder [2]. An dieser Stelle können daher kurze Hinweise genügen.

1.1.1 Die natürliche Ordnung der Dinge

Ethik bezieht sich auf Normen, die in der Ordnung der Dinge oder in der Natur des Menschen angelegt sind. So sagt bereits Cicero:
Es gibt ein wahres Gesetz, nämlich die rechte Vernunft, die mit der Natur übereinstimmt, in allen Menschen lebendig ist und unabänderlich und ewig gilt.

In der christlichen Religion erhält der Gedanke einer alles durchwaltenden, natürlichen Ordnung eine theologische Fundierung. Thomas von Aquin stellt den Gedanken in den Vordergrund, dass Gott die Welt vernünftig nach Zwecken geordnet habe. Ethik wird versuchen, eine Lebensform zu beschreiben, die dieser Ordnung entspricht.
Es sind zwei grundsätzliche Argumente, die gegen die Gültigkeit der naturrechtlichen Überlegungen sprechen.
Wenn man genauer prüft, auf welche Weise die Natur die existierende Ordnung herstellt, muss man Zweifel haben, ob diese Prinzipien Grundlage einer erstrebenswerten, menschenwürdigen Lebensform sein können.
Die Natur operiert mit der Auswahl der Geeignetsten. Alle diejenigen, die unangepasst, krank oder überlebensunfähig sind, werden erbarmungslos eliminiert. Es herrscht das uneingeschränkte Recht des Stärkeren. Die Natur kennt kein Mitleid, kein Erbarmen und keine Nächstenliebe. Der Begriff der Sozialverträglichkeit ist der Natur nicht bekannt.
Eine Ethik, die sich an der Vorgehensweise der Natur orientiert, müsste Egoismus und Durchsetzungswillen in den Vordergrund stellen. Höhere

Ziele, die z.B. ein sinnvolles und erfülltes Leben anstreben, lassen sich in der Natur nicht finden. Ethik ist eine Kulturleistung, die unabhängig von der Natur und unter Umständen gegen ihre Prinzipien entwickelt werden muss.

Der zweite Einwand betrifft den bekannten Unterschied zwischen Sein und Sollen. Aus der Tatsache, dass etwas ist, kann nicht geschlossen werden, dass etwas auch sein soll. Wenn wir z.B. feststellen, dass in der Natur der Stärkere den Schwachen frisst, dann folgt aus dieser bestehenden Tatsache nicht mit Notwendigkeit, dass das auch so sein soll. Reale Sachverhalte bestehen, ohne dass ihnen in irgendeiner Weise ein Sollen innewohnt. Sollen bezieht sich dagegen auf Zielvorstellungen, die vom menschlichen Geist entwickelt worden sind und die nur als Gedankeninhalte existieren. Von einem erdachten Zustand der Dinge kann man sich vorstellen, dass er umgesetzt werden kann und dass er auch sein soll.

1.1.2 Die Werteordnung

Man könnte annehmen, dass es ein ideales „Reich der Werte" gibt, das sich von der durch die Sinne erfahrbaren äußeren Welt unterscheiden lässt. Eine Ausgestaltung dieser Überzeugung findet man z.B. bei [3]. Ein Problem einer idealen Werteordnung besteht in der Frage, wie diese Werteordnung, falls sie denn tatsächlich existiert, erkannt werden kann. Im Gegensatz zur natürlichen Ordnung der Dinge kann und soll sie nicht aus natürlichen Gegebenheiten ableitbar sein. Es bedarf also einer eigenen Werteerfahrung, die sich von der rational empirischen Welterfahrung unterscheidet.

Zunächst könnte man an eine Instanz wie das Gewissen oder an das Gewissen selbst denken. Man empfindet unmittelbar und direkt, ob ein Sachverhalt einem Wert entspricht oder ihn verletzt.

Nun sind allerdings Zweifel angebracht, ob Menschen tatsächlich ein derartig unfehlbares Organ der Wertewahrnehmung besitzen. Hiermit stellt sich die Frage nach der Wirkungsweise und der Funktion des Gewissens.

Sicherlich reagiert das Gewissen auf Sachverhalte und empfindet sie als gut oder böse. Diese Reaktion scheint jedoch kein Anzeiger für eine Befolgung oder Verletzung ewiger, idealer Werte zu sein.

Das Gewissen ist zunächst abhängig von den äußeren Einflüssen der Erziehung. Wer vorgegebene, soziale Normen verletzt, wird ein ungutes Gefühl in der Magengegend verspüren, auch dann, wenn diese Normen tatsächlich „ewigen Werten" widersprechen. Damit zeigt das Gewissen an, was der Angehörige einer Kultur internalisiert hat, und nicht, was wirklich „gut" ist. Das Gewissen unterliegt der kulturellen Prägung. Man muss daher davon ausgehen, dass sich Ethik nicht auf eine ideale, immer gültige Werteordnung stützen kann.

1.1.3 Das Sittengesetz

Es ist Kant, der ein allgemeingültiges Sittengesetz in den Mittelpunkt stellt. Kant sieht, dass eine Maxime des Handelns nicht aus empirisch feststellbaren Sachverhalten ableitbar ist. Er schließt hieraus, dass das Sittengesetz a priori gelten muss und daher nur formal sein kann. Das Ergebnis, zu dem er kommt, ist der kategorische Imperativ:

... handle nur nach derjenigen Maxime, von der du zugleich wollen kannst, dass sie ein allgemeines Gesetz werde.

Es sind also alle Lebensformen und die damit verbundenen Normen und Gesetze gut, die dem Prinzip der Verallgemeinerung entsprechen.
An der Konzeption Kants ist, – zu Recht, wie es scheint –, vielfach Kritik geübt worden.
Einmal kann man anzweifeln, ob das Sittengesetz in der Kant'schen Fassung wirklich nur formal ist oder nicht doch in versteckter Form eine inhaltliche Fassung enthält.
Falls das Sittengesetz tatsächlich nur formal ist, wird man feststellen müssen, dass sich aus einer formalen Fassung keine konkreten Handlungsanweisungen ableiten lassen.
Außerdem ist das Prinzip der Universalisierbarkeit unbrauchbar. Eine menschliche Gesellschaft ließe sich nicht organisieren, wenn es nur allgemeine, für alle gleich gültige Normen geben würde.

1.1.4 Die Bewertung von Lebensformen, die Allgemeingültigkeit beanspruchen

Die Suche nach allgemeingültigen Normen und einer dem Relativismus entzogenen Lebensform ist nur zu verständlich. Es entspricht offensichtlich einem grundlegenden menschlichen Bedürfnis, für das Handeln Gewissheit und Sicherheit zu besitzen und über Normen zu verfügen, die unzweideutig das Gute und Rechte vom Bösen und Unrechten trennen. Dieses erstrebenswerte Bemühen, derartige allgemein gültige Normen zu finden, darf jedoch nicht dazu führen, das zweifelsohne wünschenswerte Ergebnis auf Kosten der Begründbarkeit zu gewinnen. Ein Ergebnis, das zwar den erwarteten Vorstellungen entspricht, jedoch die intellektuelle Redlichkeit hintan stellt, bietet keine zuverlässige Grundlage. Das gilt insbesondere für eine Zeit, in der die geistigen und philosophischen Voraussetzungen, die in Europa entwickelt worden sind und die gelegentlich als selbstverständlich und nicht hinterfragbar vorausgesetzt werden, in der Auseinandersetzung mit anderen Kulturen nicht mehr gültig sind. Die Globalisierung und die damit verbundene geistige Auseinandersetzung mit anderen Kulturen und die in diese Kulturen eingebundenen verschiedenartigen Lebensformen nötigen zu einer offenen und vorurteilsfreien Argumentation.

Aus diesen Überlegungen folgt, dass alle Versuche, eine allgemeingültige Lebensform zu finden, für die eine Letztbegründung möglich ist, zum Scheitern verurteilt sind. Weder der naturrechtliche Ansatz noch die ideale Werteordnung noch das Kant'sche Sittengesetz liefern ein Vorgehen, das frei von Metaphysik und damit weltanschaulich unabhängig ist und deswegen auch von anderen Kulturen als allgemeingültig anerkannt werden müsste.

Man steht daher vor der Aufgabe, für sich selbst in freier Entscheidung eine Lebensform zu finden, die als Grundlage und Richtschnur für das eigene Handeln dienen kann. Gleichzeitig sollte diese Lebensform so gestaltet sein, dass sie auch für andere attraktiv ist.

Wer sich in der glücklichen Situation wähnt, über eine Letztbegründung zu verfügen und zu wissen, dass es eine allgemeingültige Lebensform gibt und wie man sie erkennen kann, der ist von dieser Schwierigkeit befreit, baut jedoch auf trügerischem Fundament.

1.2 Die teleologisch orientierte Lebensform

Eine teleologisch orientierte Lebensform glaubt nicht an die Letztbegründbarkeit. Dennoch ist man damit nicht einem unausweichlichen Relativismus unterworfen. Man kann davon ausgehen, dass es ein Lebensziel gibt, das anderen Lebenszielen vorzuziehen ist und damit einen Sinn zu vermitteln vermag.

Eine teleologisch orientierte Lebensform beansprucht weder ein eigenständiges Sein noch einen intrinsischen Wert, noch gründet sie auf einem voraussetzungslosen Sollen. Sie ist vielmehr bezogen auf ein

Ziel, das als erstrebenswert erkannt wurde und das mit ihrer Hilfe erreicht werden kann.

Will man eine derartige Lebensform bewerten, so sind immer drei grundsätzliche Fragen zu stellen:

Einmal geht es um den Zielzustand, der erreicht werden und der dem Leben seinen Sinn geben soll. Wie sieht dieser Zielzustand aus?

Als nächstes steht man vor der Rechtfertigung dieses Ziels. Warum ist ein Leben, das sich an den beschriebenen Zielen orientiert, erfüllter und damit anderen möglichen Lebenszielen vorzuziehen?

Wenn man sich für eine bestimmte Lebensform entschieden hat, bleibt zum Dritten die Frage, auf welche Weise der angestrebte Zielzustand letztendlich auch erreicht werden kann. Es sind die Tugenden wichtige Hinweise und Wegweiser, die zeigen, wie man dem angestrebten Lebensziel näher kommen kann.

1.3 Die Entscheidung für eine Lebensform ohne Möglichkeit der Letztbegründung

Die Entscheidung für eine Lebensform ohne Möglichkeit der Letztbegründung verlangt Aufrichtigkeit und persönliche Tapferkeit. Man verweigert sich Gewissheit versprechenden Ersatzreligionen, flüchtet sich nicht in Ablenkung und Zerstreuung und verfällt nicht einem zerstörerischen Nihilismus.

Die Grundzüge der hier vorgestellten Ethik sind fest eingebunden in eine Weltanschauung, die zunächst auf dem kritischen Rationalismus beruht.

Tatsachenwissen, das heißt Erkenntnisse über die Welt, in der wir leben, liefert allein verstandesgeleitetes Nachdenken. In einer rational begründbaren Weltanschauung muss man sich auf die Ergebnisse der Wissenschaften stützen, falls man nicht unehrlich zu sich selbst sein will. Andere Erkenntnisquellen sind nicht zugänglich.

Hieraus wiederum ergibt sich für die Anthropologie ein konsequenter Naturalismus, der den Menschen als Glied und Teil der Natur sieht. Es sind im Wesentlichen die überlegenen geistigen Verstandeskräfte, die uns von den anderen Lebewesen unterscheiden.

Aus dem kritischen Rationalismus und dem Naturalismus folgt, dass es für Menschen keine rationale Letztbegründung für ethische Verhaltensweisen geben kann. Tatsachen und Sachverhalte lassen sich empirisch erheben und rational begründen, Vorgaben für eine Lebensgestaltung nicht. Sie bleiben der freien Entscheidung vorbehalten; sie sind ein Charakteristikum der jeweiligen Persönlichkeit. Was ein Mensch ist, kann man feststellen. Was ein Mensch sein möchte, muss er selbst bestimmen. Aus dem Sein folgt kein Sollen.

J. S. Mill sagt zu Recht, dass über elementare, ethische Grundeinstellungen nicht rational argumentiert werden kann. Alle metaethischen Positionen, die sich dem Rationalismus verpflichtet fühlen, übersehen diesen eindeutigen Sachverhalt. Wie mühsam und wenig überzeugend wirken z.B. die Versuche, das Universalitätsprinzip in der Ethik rational zu rechtfertigen. Mit unzureichenden Argumenten und unscharfen Formulierungen wird verschleiert, dass dergleichen nicht möglich ist.

Im Bereich der ethischen Grundpositionen liegt eine freie Entscheidung vor, für die keine rationale Letztbegründung gegeben werden kann.

Ein derartiger Dezisionismus verlangt intellektuelle Aufrichtigkeit und persönliche Tapferkeit. Die Einsicht, zur Freiheit verdammt zu sein, ohne gleichzeitig verbindliche Wegmarken zu besitzen, ist eine Herausforderung, der man sich stellen muss. Diese existentielle Gegebenheit macht die Grundsituation menschlichen Lebens aus. Man kann sie anerkennen. Man kann sie aber auch leugnen, indem man sie „wegzuphilosophieren" versucht, sich den Gewissheit versprechenden Ersatzreligionen zuwendet, oder sie einfach nicht zur Kenntnis nimmt und sich den Ablenkungen und Zerstreuungen hingibt, die im Übermaß angeboten werden.

Der Mensch ist eine Einheit aus Kopf, Herz und Hand. Tätiges Leben muss von der ganzen Persönlichkeit getragen werden. Tätiges Leben bezieht seine Kraft auch aus dem emotionalen Bereich.

Fast ausschließlich hat sich die Philosophie um die rationale Begründung von Normen und Wertordnungen bemüht. Hierbei hat sie aus dem Auge verloren, dass man sich zusätzlich überlegen muss, woher die Kraft und der Mut kommen sollen, die hohen ethischen Ideale auch zu erreichen. Es ist der Fehler aller aufklärerischen, rational orientierten Ethiksysteme, dass sie glauben, aus der Erkenntnis folge von selbst die Verwirklichung.

Immer wieder muss man bedrückt zur Kenntnis nehmen, wie selten sich menschliches Verhalten von rationaler Erkenntnis leiten lässt. Gefühle, Wünsche, Hoffnungen, angeborenes instinktives Verhalten, all das kann dafür verantwortlich sein, dass auch wohlbedachte, rationale Erkenntnisse über den Haufen geworfen werden.

Bei der persönlichen Lebensgestaltung spielt der emotionale Bereich eine ausschlaggebende Rolle. So kann z.B. ein überzeugendes Vorbild oft viel mehr bewirken als lange, philosophische Abhandlungen. Das

Buch „Onkel Toms Hütte" hatte bei der Abschaffung der Sklaverei einen entscheidenden Anteil, weil es sich an das Mitgefühl, das Mitempfinden und das Miterleben wendete. Hier wurde das Herz für eine gute Sache mobilisiert. Es entstand eine emotionale Kraft, die große Wirkung hatte.

Die bisherigen Überlegungen sollten deutlich machen, dass man die Richtigkeit oder die Gültigkeit einer Lebensform nicht beweisen kann. Man darf daher niemandem eine Lebensform aufzwingen. Man kann nur für eine Lebensform werben. Nach einem Zitat Bonhoeffers kann man sie nur anbieten wie einen roten, reifen und wohlschmeckenden Apfel und zum Hineinbeißen auffordern.

Um die Überzeugungskraft der eigenen Vorstellungen zu verstärken und um die Qualität des empfohlenen Apfels besonders deutlich werden zu lassen, werden im Folgenden Kunstwerke aus unterschiedlichen Epochen als Zeugen aufgerufen. Damit geschieht etwas gänzlich Neues:

Anstelle der in der Ethik üblichen, wenig überzeugenden, oft sterilen rationalen Argumentation wird der Mensch in seiner Ganzheitlichkeit zur Entscheidung aufgerufen. Kopf, Herz und Hand in ihrer engen, letztendlich unauflöslichen Verknüpfung sind angesprochen. Es geht eher um beispielhafte Veranschaulichung. In den nachfolgenden Kapiteln wird das immer wieder deutlich gemacht.

Soll der Rückgriff auf die Kunst nun etwa heißen, dass man das Denken im ethischen Diskurs ganz und gar verabschiedet und man sich einem unverbindlichen Irrationalismus überantwortet?

Gilt individuelle Beliebigkeit?

Das ist nicht der Fall. Es muss daher bestimmt werden, welche Aufgaben dem rationalen Denken in einer Ethik zukommen, die eine Letztbegründung für unmöglich hält.

Auch eine Ethik, die eine Wahl der Lebensform in den Vordergrund stellt, kann auf durch rationales Denken erworbenes Weltwissen nicht verzichten. Sinnvoll und erfüllend kann eine Lebensform nur dann sein, wenn sie sich an den realen Gegebenheiten orientiert und auf irrationale Illusionen und Wunschvorstellungen verzichtet. Dazu gehört z.B. auch, nur das zu erstreben, was menschenmöglich ist und der Natur des Menschen entspricht.

Weiterhin ist rationales Denken unabdingbar, wenn es darum geht, verschiedene Lebensformen zu vergleichen und auf ihre Konsequenzen hin zu untersuchen.

Zum Dritten ist rationales Denken gefordert, wenn es darum geht, die übergeordneten Vorstellungen einer gewählten Lebensform den Anforderungen des alltäglichen Lebens anzupassen und Möglichkeiten und Wege zu ersinnen, die auf das ethische Ziel zuführen.

2 Die Buchführung des Lebens

Die Endlichkeit des Lebens nötigt zu einer Besinnung auf das Wesentliche. Was ist das Wesentliche? Wann und unter welchen Umständen wird man sagen können, man habe richtig gelebt und die gegebenen Möglichkeiten nicht leichtfertig vertan? Ein Leben, das sinnvoll sein soll, verlangt Antworten auf diese Fragen.

Eines Tages, irgendwann einmal aber mit Sicherheit, ist das Leben zu Ende. Dann gilt es die Buchführung zu überprüfen und Abrechnung zu halten: War dieses Leben ein erfülltes und gelungenes Leben? Oder war dieses Leben wertlos, unnütz und wird als zu leicht befunden?

Die Antwort hierauf ist unabhängig von der Annahme eines Lebens nach dem Tod und einer ausgleichenden Gerechtigkeit danach. Sie kann von einem gläubigen Christen ebenso gestellt werden wie von einem Naturalisten, der davon ausgeht, dass der Tod das Ende seiner individuellen Person ist.

Die unausweichliche Endabrechnung sollte uns dazu nötigen, der Frage nachzugehen, wie ein gelungenes und erfülltes Leben aussehen soll. Die praktische, alltägliche Lebensgestaltung hängt von ihrer Beantwortung ab.

Der Psalmist macht deutlich, dass es der Tod ist, der dazu nötigt, sich mit dem Lebenssinn zu beschäftigen. In Psalm 39,5 schreibt er:

Herr, lehre mich doch, dass es ein Ende mit mir haben muss
und mein Leben ein Ziel hat
und ich davon muss.

Nun gibt es verschiedene Gründe, die uns davon abhalten, über das Ziel und den sinnvollen Inhalt unseres Lebens nachzudenken:

Einmal sind da die Alltagssorgen. Die täglichen Mühen und Plagen halten uns fortwährend beschäftigt und hindern uns, den Blick vom Boden zu erheben und die große Richtung ins Auge zu fassen. Jede Altersstufe ist davon in gleicher Weise betroffen: Man sorgt sich um die Examensnote; es ergeben sich Konflikte mit der Freundin oder Partnerin; der Ärger mit den Kollegen oder Vorgesetzten lässt keinen Raum für weiterführende Gedanken; Schwierigkeiten mit den Kindern lassen die Eltern nicht zur Ruhe kommen; die kleinen und großen Gebrechen des Alters gewinnen eine alles andere verdrängende Bedeutung.

Dazu kommt die Fremdbestimmung, die uns daran hindert, eigene, uns betreffende Lebensziele festzulegen. Von vielen Seiten werden Lebensziele und Verhaltensweisen an uns herangetragen, die wir nicht selbst durchdacht haben, sondern oft nur zu bereitwillig übernehmen. Die Medien und hier insbesondere das Fernsehen und die Werbung beeinflussen uns ständig in aufdringlicher und unabweisbarer Weise.

Nicht zuletzt nimmt auch die Verdrängung erheblichen Raum ein. Es ist nicht immer leicht, der eigenen Lebenswirklichkeit ungeschützt entgegenzutreten. Zu oft weichen wir der Beantwortung wichtiger Lebensfragen aus und vermeiden grundlegende Entscheidungen. Stattdessen suchen wir Zuflucht bei aktionistischen Abwehrformen wie z.B. suchtartigem Arbeiten oder hektischer Freizeitgestaltung.

Wenn die genannten drei Hindernisse nicht ablenken, kann man sich der Frage nach einem geglückten und erfüllten Leben zuwenden. Welche ethischen Normen oder Werturteile will man hierfür akzeptieren?

Der Begriff der ethischen Norm ist zur Zeit nicht beliebt. Man vermutet Verzicht, Einschränkung oder Freudlosigkeit dahinter. Muss das so sein? Sind nicht ethische Normen vielmehr Richtlinien, die zur Entfaltung und Verwirklichung der im Menschen angelegten Möglichkeiten und damit zu menschlichem Glück führen? Sind nicht ethische Normen vielmehr Hinweisschilder, die vor Gefahren auf diesem Weg warnen?

„Du sollst nicht auf eine heiße Herdplatte fassen" ist kein Gebot, das Verzicht oder Einschränkung fordert und zur Freudlosigkeit führt, sondern das ein Kind davor bewahren soll, Schaden zu nehmen.

„Du sollst nicht ehebrechen" ist keine ethische Norm, die uns ein Vergnügen und eine harmlose Freude versagen will. Dahinter steht die Einsicht, dass eine stabile Gesellschaft und damit individuelles, menschliches Glück nur möglich sind, wenn die Familie ausreichend geschützt ist.

So gesehen zielen ethische Normen nicht auf Verzicht, Einschränkung und Freudlosigkeit. Ganz im Gegenteil sollen sie zur Erfüllung und Entfaltung unserer besten Anlagen führen. Hier liegt die Voraussetzung für eine Form des Glücks, das mehr ist als oberflächlicher, kurzzeitiger Genuss.

2.1 Über den Tod

Der Tod muss nicht unbedingt etwas Schreckliches und Fürchterliches bedeuten. Man kann bemüht sein, sich mit der Endlichkeit alles Irdischen abzufinden. Philosophieren heißt auch, sterben lernen.

Wie jedem Lebewesen ist auch dem Menschen der Lebenswille an-geboren. Der Mensch ist sich jedoch auf Grund seiner geistigen Fähigkeiten seines Todes bewusst. Er kann erreichen, dass der Tod nichts Furchterregendes mehr hat. Der Gedanke an ihn kann uns vertraut sein. In seinen Zügen vermag man so etwas wie Güte zu entdecken, die uns mit ihm aussöhnen sollte. Geboren werden, leben, sterben – das gehört zur Ordnung der Dinge. Alles ist diesem Rhythmus unterworfen.

Ist es nicht tröstlich zu wissen, dass auch der Mensch eingebunden ist in einen alles umfassenden Ablauf? Hat es nicht etwas Beruhigendes, wenn man sieht, dass wir das gleiche Schicksal teilen mit allem, was uns umgibt?

Der junge Mann auf der attischen Grabstelle verabschiedet sich vom Leben. Nichts Verzweifeltes, nichts Aufwühlendes finden wir in seinem Gebaren. Mit ruhiger Traurigkeit und mutiger Gelassenheit unterwirft

Grabstätte eines Jüng-lings aus Salamis

er sich der Ordnung der Dinge, dem unausweichlichen Schicksal, dem sich nichts auf dieser Welt entziehen kann.

In seinen Essays sagt de Montaigne:

Dein Tod gliedert sich in die Weltordnung ein.
Er ist ein Stück Leben in dieser Welt.

Wird durch diese Einstellung der Tod idealisiert? Wird übersehen, dass es auch den schrecklichen, den grausamen, den inhumanen und würdelosen Tod gibt?

Zunächst muss man sehen, dass es in einem ersten Schritt darum geht, den Tod an sich als unvermeidliche Wirklichkeit anzuerkennen und nicht zu verdrängen. Der Tod an sich gehört ganz selbstverständlich zum Leben so wie der Schatten zum Licht. Es gibt wenig Grund sich davor zu fürchten.

Bedrohlich allerdings ist der schlimme Tod. Matthias Claudius betet:

Herr, schenke mir einen schönen Tod.

Es gibt wenig, was wichtiger wäre!

Der Mensch ist das einzige Lebewesen, das um seinen Tod weiß. Das setzt ihn in den Stand, sein Leben vom Tod her zu sehen und ihm einen Sinn zu geben. Wir können wissen, dass dieses Leben ein Ende hat und dass wir uns am Ende fragen müssen, was wir gewollt und was wir erreicht haben. Dass wir nicht ewig leben, zwingt uns zur Einsicht wesentlich zu werden.

Das memento mori darf nicht zur Oberflächlichkeit und Leichtlebigkeit verleiten nach dem Motto:

Iß, trink und freue dich, meine Seele,
denn morgen bist du tot.

Es soll vielmehr daran erinnern, dass ein gelungenes Leben immer eine zu erfüllende Aufgabe umfasst. Luthers vielzitierter Satz bringt das besonders deutlich zum Ausdruck:

Wenn ich wüsste, dass morgen die Welt zu Ende geht,
würde ich heute noch einen Apfelbaum pflanzen.

2.2 Richtlinien für ein sinnvolles Leben

Zu den Grundüberzeugungen, die zu einem erfüllten Leben beitragen, gehört einmal die Mitmenschlichkeit, die den anderen nicht nur als

Gegner und Konkurrenten sieht. Hiermit ist die Einsicht verbunden, dass der Mensch ein Gemeinschaftswesen ist und auf das Zusammenleben mit anderen hin angelegt ist. Gleichzeitig darf man das individuelle Selbstbewusstsein nicht außer Acht lassen, das um eine Entwicklung der eigenen Persönlichkeit bemüht ist.

Ethische Normen und Werturteile lassen sich letzten Endes weder rational begründen noch ableiten. Alle diesbezüglichen Versuche sind zum Scheitern verurteilt. Es gibt keinen beweisbaren, verbindlichen, auf jeden Fall richtigen Weg zum Guten. Auch die Religionen verfügen über diesen eindeutigen Weg nicht.

Einem Lebensziel liegt immer ein freier Entwurf, eine eigene Entscheidung zu Grunde. Man selbst kann bestimmen und festlegen, wie das eigene Leben aussehen soll. Das ist allerdings immer nur innerhalb enger Grenzen möglich. Die kulturelle Umgebung, das soziale Umfeld und die Fähigkeiten der eigenen Persönlichkeit engen den Spielraum sehr stark ein. Aber selbst zu den Dingen, die man als unveränderlich akzeptieren muss, kann man wenigstens eine eigene, persönliche Einstellung gewinnen.

Es gibt einige Grundüberzeugungen, sozusagen Positionslichter, nach denen man sich ausrichten kann.

Hierzu gehört zuerst die Mitmenschlichkeit, die den anderen nicht als Gegner und Konkurrenten, sondern als Bruder empfindet.

Hierzu gehört auch die Überzeugung, dass der Mensch ein Gemeinschaftswesen ist und auf das Zusammenleben mit seinen Mitmenschen hin angelegt ist. Er kann darauf nicht verzichten. Ein erfülltes und sinnvolles Leben ist nur möglich, wenn man sich der Achtung und der Anerkennung seiner Umgebung gewiss sein kann.

Es sind Recht und Ordnung, die eine geschützte Umgebung bieten, innerhalb derer ein geregeltes und gerechtes menschliches Miteinander nur möglich ist. Es gilt daher, an Normen und Regeln mitzuwirken, die hier Entfaltungsmöglichkeiten sicherstellen können und damit auch Glück und Zufriedenheit gewährleisten.

Allerdings darf man sich nicht auf den Menschen und die menschlichen Lebensumstände allein konzentrieren. Wir sind eingebunden in eine viel umfassendere, natürliche Ordnung, die alles umgreift und in deren Gewebe wir nur eine Faser sind. Dieser weite Blick führt zu einem weiten Herzen, aus dem Toleranz, Nachsicht und Güte fließen.

Zu den ethischen Vorstellungen, die man für sich als gültig anerkennen kann, gehört neben dem Verhalten der Natur und den anderen Menschen gegenüber auch die Verpflichtung, die Entwicklung und die Entfaltung der eigenen Persönlichkeit im Rahmen des Möglichen nicht aus dem Auge zu verlieren. Würde und Selbstwertgefühl sind die Voraussetzung für ein freies, sinnvolles, selbst gestaltetes Leben.

Schließlich sollten wir das Gefühl der Dankbarkeit bewahren, das uns hilft, in aller trostlosen Not und in allem menschlichen Elend das Gute nicht zu übersehen, das es zweifelsohne auch gibt. Zu oft nimmt man das Gute für selbstverständlich und stößt sich immer wieder an den Dingen, die das eigene Leben beeinträchtigen. Die Dankbarkeit vermag zu verhindern, dass man in zynische Skepsis verfällt, die alles lähmt.

Zu jeder Lebensform, für die man sich entscheidet, gehört eine grundsätzliche Wahl. Man muss für sich die Werte und Grundsätze bestimmen, die für das eigene Leben richtungsweisend sein sollen.

Aus diesen Grundsätzen ergeben sich dann die vielen Einzelentscheidungen, die alltäglich zu treffen sind, die von vielen verschiedenen Umständen abhängen.

Sowohl die Grundsätze wie auch die Einzelentscheidungen werden selten eindeutig sein können. Es wird oftmals Wertkonflikte geben. So wird man z.B. immer für sich festlegen müssen, wie weit die Selbstfürsorge und das berechtigte Eigeninteresse reichen und wie weit man um der anderen willen darauf verzichten sollte. Ein ähnlicher Konflikt ergibt sich oftmals zwischen Gerechtigkeit und verzeihender Nächstenliebe.

Diese Offenheit macht die individuelle Persönlichkeit in ihrer je eigenen Einmaligkeit aus.

2.3 Vom rechten Handeln

Es wäre kurzsichtig zu behaupten, dass eine an der Mitmenschlichkeit und der Persönlichkeitsentwicklung orientierte Lebensform immer zu Glück und Erfolg führt. Ein Trotzdem gibt dem Leben Größe und Sinn.

Wir wurden in diese Welt hineingeboren, ohne gefragt worden zu sein. Wir haben uns die Welt mit ihren Eigenschaften nicht aussuchen können. Es scheint so zu sein, dass uns Menschen sicheres Wissen über diese Welt nicht möglich ist. Xenophanes, der griechische Philosoph, sagt wohl mit Recht:

Nimmer noch gab es den Mann, und nimmer wird es ihn geben, der die Wahrheit erkannt von den Göttern und allem auf Erden.

Denn auch wenn er einmal das Rechte vollkommen getroffen,
wüsste er selbst es doch nicht.

Dazu gehört, dass auch sicheres Wissen über gutes Handeln und richtiges Verhalten nicht möglich ist. Die festen, unverrückbaren Lichtzeichen am Himmel, die zweifelsfrei und sicher die Richtung festlegen, gibt es nicht. Wir selbst sind es, die die Richtung vorgeben müssen.

Die geistige Redlichkeit verbietet es, in einer derartigen Situation in den Schutz einer Weltanschauung zu fliehen, die sicheres Wissen und begründete Werte verspricht. Es gilt, diese Welt anzuerkennen, wie sie ist, und sich ohne Illusionen in ihr zu bewähren.

Wird richtiges Verhalten und gutes Handeln in dieser Welt belohnt? Nur weltunkundige Idealisten vermögen daran zu glauben. Zu offensichtlich ist es, dass Glück und Unglück oftmals nicht der Lohn und die Folge unseres Verhaltens sind. Auch der Glaube und die Hoffnung auf eine ausgleichende Gerechtigkeit im Jenseits sind rational letztendlich nicht begründbar.

Trotzdem ist es besser, nicht nur den eigenen Vorteil und das eigene Wohlergehen im Auge zu haben und die Welt aus der egoistischen Froschperspektive zu betrachten, sondern mit einem weiten, großzügigen Blick auch die Mitmenschen, die Mittiere und die alles umfassende Natur einzubeziehen.

Der Text „Trotzdem" soll von einem deutschen Soldaten stammen, der aus russischer Kriegsgefangenschaft entlassen worden war. Keine Bitterkeit, kein Hass und auch keine Resignation sind in diesen Zeilen spürbar. Man muss die ethische Kraft bewundern, die trotz eines schweren Schicksals eine derartige Lebenseinstellung möglich macht. Sie kann uns Vorbild sein.

Die Menschen sind unvernünftig,
unberechenbar und egoistisch.
Liebe sie trotzdem.

Ehrlichkeit macht Dich verwundbar.
Sei's trotzdem.

Was Du heute Gutes tust,
ist morgen vergessen.
Tu's trotzdem.

Was du tust, wird über kurz oder
lang bedeutungslos sein.
Tu's trotzdem.

Die großzügigsten Menschen können
von den engstirnigsten zu Fall gebracht werden.
Bleibe trotzdem großzügig.

Auch wenn Du der Mitwelt dein Bestes gibst,
erntest Du oft nur Undank.
Gib trotzdem Dein Bestes.

3 Grundlagen der humanistischen Ethik

Mitmenschlichkeit, Gemeinsinn, Frieden durch Recht und Ordnung,
Weltfrömmigkeit und Menschenwürde sind die Grundlagen einer
humanistischen Ethik, die einer Lebensform zu Grunde liegen, die
sich rechtfertigen lässt.

Eine Lebensform, die sich auf eine humanistische Ethik gründet, umfasst eine Reihe von Grundsätzen, die gleichberechtigt nebeneinander stehen und die im Alltagsleben immer wieder miteinander in Einklang gebracht werden müssen. Es ist nicht erforderlich, ein einziges, höchstes Lebensziel anzunehmen, aus dem z.B. im Sinne von Aristoteles alle anderen Lebensziele ableitbar sind.
Wie bereits dargestellt, können die hier vorgeschlagenen Grundsätze keine Allgemeingültigkeit beanspruchen. Da für sie auch keine Letztbegründung angegeben werden kann, stehen sie nicht unverbrüchlich fest, sondern sind nur Hinweise, die zu einem sinnvollen und erfüllten Leben führen können. So oder so ähnlich könnte ein Leben aussehen, das im Angesicht des Todes Bestand hat.

3.1 Mitmenschlichkeit

Mitmenschlichkeit bezieht ihre Überzeugungskraft aus der Einsicht,
dass jeder Einzelne auf das Zusammenleben mit anderen angewiesen
ist. Ausschließliche Selbstverwirklichung und Egoismus stehen dem
entgegen.

M itmenschlichkeit lässt uns den anderen, den Nächsten als Partner in einer zusammengehörigen Gemeinschaft empfinden. Man sieht den anderen als fröhlich oder traurig, als glücklich oder unglücklich, als müde oder aktiv, so wie sich selbst. Wir empfinden ihn als Bruder und es freut uns, ihm eine Freude machen oder ihm helfen zu können.

Man fühlt sich selbst reicher, wenn man einen anderen Menschen in seinen Lebenskreis miteinbeziehen kann oder wenn man selbst einbezogen wird.

Dieses Zusammengehörigkeitsgefühl bezieht seine Überzeugungskraft aus der Einsicht, dass wir ein gemeinsames Schicksal teilen. Alle Menschen, unabhängig von Alter, Geschlecht oder Herkunft sind den gleichen Bedingungen unterworfen.

3.1.1 Die Liebe zum Nächsten

Im Alltagsleben stehen wir den Dingen sehr nahe. Wir haben die Augen unmittelbar am Erdboden und sehen nur Grashalme. Erst eine größere Entfernung und eine weitere Sicht lassen die individuellen Verschiedenheiten verschwinden und öffnen den Blick für das Gemeinsame.

Hier sehen wir dann plötzlich den Mensch leiden, sich nach Sicherheit und Wärme sehnen, um Anerkennung und Beachtung ringen. Auf einmal spüren wir das uns alle Verbindende in den menschlichen Lebensbedingungen. Aus diesem Empfinden heraus wird Mitmenschlichkeit möglich.

Die Liebe zum Nächsten, das geschwisterliche Mitempfinden kann man nicht anbefehlen. Sie lassen sich auch nicht logisch aus Grundprinzipien z.B. des Utilitarismus ableiten. Sie müssen aus einem vollen und warmen Herzen kommen, das wiederum aus der tiefen und weiten Einsicht stammt, dass wir einem gemeinsamen Lebensschicksal unterworfen sind.

Wie arm ist dagegen der Egoist, der ichbezogen nur den eigenen Vorteil, die eigene Karriere, sein eigenes Wohlergehen im Auge hat! Er kämpft um sein Glück und wird es mit Sicherheit verfehlen.

Es gibt keinen kategorischen Imperativ, der zur Mitmenschlichkeit verpflichten könnte. Es gibt keinen letztbegründeten Wert, der Mitmenschlichkeit verlangt.

Man kann sich entscheiden, auf Mitmenschlichkeit zu setzen. Man wird gute Erfahrungen damit machen.

3.1.2 Der autonome Mensch

Die Reiterstatue des Colleoni von Verrochio steht in Venedig. Sie verkörpert und verherrlicht den Machtmenschen voll gewaltiger und gewaltsamer Energie. Hoch aufgerichtet in den Steigbügeln folgt Colleoni nur seinen eigenen Gesetzen. Mitmenschlichkeit verachtet er als Sklavenmoral, erfunden von den Schwachen, um die Starken und Mächtigen an der freien Entfaltung ihrer Möglichkeiten zu hindern. Ein derartiger Lebensentwurf, wie ihn Colleoni verkörpert, ist wohl möglich.

Reiterstatue des Colleoni

Es bleibt jedoch die Frage, ob er seinen Vertretern zu der Lebenserfüllung und dem Glück verhelfen kann, die auch sie verfolgen.

Die Geschichte zeigt, dass der freie, autonome Machtmensch, der nur sich selbst und seinen eigenen Zielen verpflichtet ist, letztendlich scheitern muss. Keiner, auch der Mächtigste nicht, kann sich der Ordnung der Dinge entziehen. Keiner, der glaubt, er könne sich und seine Umwelt allein den eigenen Vorstellungen und Wünschen unterwerfen, wird erfolgreich sein.

Die Realität, in die wir alle eingebunden sind, ist allemal härter als der stärkste Wille eines Machtmenschen.

Nicht diejenigen sind die großen Männer in der Menschheitsgeschichte und nicht diejenigen verdienen den Ehrentitel „Der Große", denen es gelungen ist, für eine Zeit der Umwelt gewaltsam ihren Willen aufzuzwingen. Groß sind dagegen diejenigen, die eine Rechts- und Sozialordnung entworfen und gestaltet haben, in deren Geltungsbereich Frieden herrscht und in deren Rahmen ein mitmenschliches Zusammenleben möglich wird, das auch Raum lässt für Güte, Nachsicht und Nächstenliebe.

War Colleoni glücklich?

Der Mensch ist immer auch ein Gemeinschaftswesen. In dieser Rolle steht er im Zwiespalt zwischen dem Streben nach sozialer Stellung und gesellschaftlicher Macht auf der einen Seite und dem Bedürfnis und dem Wunsch nach Zuneigung, Zärtlichkeit und Wärme auf der anderen Seite. Nur ein ausgewogenes Gleichgewicht zwischen beiden vermag dauerhaftes Glück in einem tieferen Sinn zu vermitteln.

Ein Machtmensch wie Colleoni, der seine hohe soziale Stellung durch Gewalt und Unterdrückung aufrechterhalten muss, wird selten echte Zuneigung und wahre Liebe erfahren. Im Gegenteil wird ständiges Misstrauen und fortwährende Angst sein Leben prägen. Reiche und beglückende Möglichkeiten, die das Leben bietet, werden ihm verschlossen bleiben.

Die selbstherrliche Autonomie seines Willens wird auf die Dauer an der Realität scheitern. Der Mensch, auch in den Augenblicken höchster Machtmöglichkeit, ist zu schwach, um sich gegen die Ordnung der Dinge behaupten zu können.

Für die kurzen und trügerischen Augenblicke des Machtgenusses bezahlt Colleoni durch den Verzicht auf Mitmenschlichkeit, Wärme und Geborgenheit. Es ist einsam und kalt um ihn.

Colleonis Lebensentwurf ist wohl möglich. Wird man sein Leben als Ganzes gesehen als gelungen und erfüllt bezeichnen können? Ist es erstrebens- und nachahmenswert?

3.1.3 Homo homini lupus
Der Mensch ist dem Menschen ein Wolf

Der Maler George Grosz schreibt in seinem Aufsatz „Die Kunst in Gefahr":

Der Mensch ist nicht gut – sondern ein Vieh!
Ich zeichne und male aus Widerspruch
und versuche durch meine Arbeit
die Welt in ihrer ganzen Hässlichkeit,
Krankheit und Verlogenheit darzustellen.

George Grosz zeigt uns seine Welt, wie er sie sieht. Er will uns glauben machen, dass die Welt einer trostlosen Kneipe gleicht, in der es nur um Geld, Macht und Sexualität geht.

„Der Mensch ist gut"

Von Mitmenschlichkeit ist nichts zu spüren. Isoliert und beziehungslos sitzen die Menschen vor sich hin. Auch Natur kommt nicht vor. Alles ist kalt, kahl, öde und leer.

Hat George Grosz recht?

Ist unsere Welt wirklich von dieser Art?

Sind wir nur naiv, wenn wir die Welt in ihrer ungeschminkten Wirklichkeit nicht wahrhaben wollen?

Sind wir nur blind und herzlos, weil wir, die wir zufällig nicht vom Unglück betroffen sind, den Hass, die Grausamkeit und die Niedertracht unserer Mitmenschen nicht sehen?

Nun muss man ohne Einschränkung erkennen, dass unendlich viel Entsetzliches und Schreckliches in dieser Welt geschehen ist, zur Zeit geschieht und immer wieder geschehen wird.

Man darf in der Tat die Augen nicht verschließen vor Hunger, Krankheit oder Krieg, verursacht durch Bosheit, Gier, Hass und Verblendung. Die Welt, in der wir leben, ist kein Paradies. Nicht ohne Grund zeigt uns die Bibel den Brudermord Kains an Abel als eines der ersten Vorkommnisse auf der den Menschen zugeteilten Erde. Wie soll man sich dazu stellen?

Zunächst muss man sehen, dass es neben Leid, Elend und Not auch unendlich viel Gutes und Schönes gibt. Man darf die Liebe, die Güte, die Großzügigkeit, die Hilfsbereitschaft oder die Selbstlosigkeit nicht übersehen. Ist es nicht vielmehr so, dass das Gute und Schöne sogar überwiegen?

George Grosz hat immer wieder Tugenden wie Ordnung, Hilfsbereitschaft, Aufrichtigkeit oder Großzügigkeit als spießig und kleinkariert diffamiert. Wie weit ist er damit gekommen?

George Grosz wurde betrunken in einer Berliner Hofeinfahrt gefunden; tot, erstickt an eigenem Erbrochenem; ein verpfuschtes Leben; kein nachahmenswertes Vorbild für eine Lebenseinstellung.

Es ist nicht von vornherein vergeblich, sich für das Gute einzusetzen. Und es gibt einen Grund für Dankbarkeit.

3.2 Gemeinsinn

Der Einsatz für das Gemeinwohl verlangt immer auch Verzicht auf persönliche Freiheit. Die Geborgenheit und die Sicherheit, die mit einer Gemeinschaft verbunden sind, lassen sich nur gewinnen, wenn man individuelle Wünsche und Vorstellungen einschränkt. Es gibt keine fertigen Rezepte, die helfen, das ausgewogene Gleichgewicht zwischen Gemeinwohl und persönlicher Freiheit zu wahren.

Der Mensch ist ein Gemeinschaftswesen und auf soziale Kontakte lebensnotwendig angewiesen. Dauerndes Alleinsein wird als schlimme Strafe angesehen und führt zu seelischer Deformation.

Zu einem erfüllten Leben gehören z.B. Liebe und Zärtlichkeit, die sich durch Worte, Gesten und durch Körperkontakt ausdrücken. Jeder Mensch bedarf der Zuneigung und des Vertrauens, durch die deutlich wird, dass das eigene Ich für den anderen bedeutungsvoll ist.

Liebe und Zuneigung, Beachtung und Aufmerksamkeit sowie eine geachtete soziale Stellung fallen uns nicht von allein zu. Sie werden uns nur von anderen zuteil. Somit werden wir ein erfülltes und glückliches Leben nie allein erreichen können, sondern immer nur zusammen mit unseren Mitmenschen.

Der ichbezogene Egoist, der nur seinen eigenen Vorteil im Auge hat und seine Mitmenschen ausschließlich als Mittel zur Erreichung eigener Ziele missbraucht, läuft in die Irre. Auch die Konzentration auf den Erwerb materieller Güter führt in die Sackgasse. Liebe, Zärtlichkeit, Aufmerksamkeit, Beachtung und soziale Anerkennung lassen sich nicht kaufen.

Die Dorfpolitiker

Da das Glück menschliches Miteinander zur Voraussetzung hat, ist ein gesichertes und durch eine Rechtsordnung gestütztes Zusammenleben so entscheidend. Bei der Rechtsordnung steht nicht die Strafe im Vordergrund. Vielmehr schafft eine gute Rechtsordnung einen Raum, in dem sich menschliches Miteinander so entfalten kann, dass Glück möglich wird.

Das Bild von Wilhelm Leibl „Die Dorfpolitiker" zeigt das Glück der Zusammengehörigkeit.

David Hume, der sich sehr ausführlich mit dem menschlichen Zusammengehörigkeitsgefühl auseinandergesetzt hat, schreibt in „A Treatise of Human Nature":

Wenn alle Naturkräfte und Elemente sich verbänden,
um einem Menschen zu dienen und zu gehorchen,
wenn die Sonne auf seinen Befehl auf- und unterginge,
das Meer und die Flüsse nach seinem Belieben
fluteten, wenn die Erde freiwillig alles hervorbrächte,
was ihm nützlich oder angenehm ist,
er würde doch elend sein,
bis Ihr ihm wenigstens einen Menschen gebt, mit dem
er sein Glück teilen und dessen Wertschätzung und
Freundschaft er genießen kann.

Jeder Mensch braucht die brüderliche Gemeinschaft, um sich entfalten zu können. Jeder braucht den Zuspruch, die Hilfe, den Rat, die Ermunterung seiner Mitmenschen.

Man muss miteinander denken und diskutieren. Man muss aber auch zusammen Feste feiern, Lieder singen, wandern und spielen können. Und letztendlich muss man auch gemeinsam tätig sein in Richtung auf ein gemeinsames Ziel. Nur in einer derartigen Gemeinschaft wird aus dem Gefühl des Zusammengehörens und der Geborgenheit heraus die emotionale Kraft entstehen, die erforderlich ist, um das tun zu können, was man als das Gute erkannt hat.

Von besonderer Bedeutung ist in diesem Zusammenhang die Familie. Aber auch andere Gemeinschaften wie z.B. ein Sportverein oder eine Kirchengemeinde mit ihren vielfältigen Aktivitäten erfüllen diese Aufgabe.

Nun muss man deutlich sehen, dass Gemeinschaft immer auch soziale Kontrolle und damit eine Einschränkung der persönlichen Freiheit und der individuellen Entfaltungsmöglichkeiten bedeutet. Man kann grundsätzlich nicht beides zugleich haben, verpflichtende Gemeinschaft und unbegrenzte Freiheit.

Daher ist immer ein sorgsam und fein abgestimmtes Verhältnis zwischen Gemeinschaft und Freiheit erforderlich. Schopenhauers Parabel von den Igeln ist sicherlich richtig: Die Igel rücken so eng zusammen, dass sie sich noch wärmen können. Sie halten so weit Abstand, dass sie sich gerade nicht mehr mit ihren Stacheln verletzen.

In vergleichbarer Weise schreibt Amitai Etzioni dazu [4]:

Wie ein Radfahrer, so muss auch eine Gemeinschaft die Balance halten. Sie darf weder zur Anarchie des Extremindividualismus und zur Vernachlässigung des Gemeinwohls tendieren noch zum Kollektivismus, der das Individuum ethisch abwertet. Daher muss man Gemeinschaften ständig dazu bringen, ein ausgewogenes Verhältnis zwischen Individualrechten und sozialen Pflichten herzustellen. ... Der Westen ist in der kalten Jahreszeit des exzessiven Individualismus und sehnt sich nach der Wärme der Gemeinschaft, die menschliche Beziehungen wieder erblühen lässt.

Bei der schweren Kunst, den rechten Abstand zu wahren, hilft wieder nur Lebenserfahrung und Weltwissen. In einer Zeit, in der Selbstverwirklichung und individuelles Streben nach Glück vorherrschen, muss die Gemeinschaft als Lebensnotwendigkeit ihre Bedeutung zurückgewinnen.

3.3 Frieden durch Gerechtigkeit und Ordnung

Friedliches Zusammenleben ist die Voraussetzung für eine sinnvolle Lebensform. Es lässt sich nur im Rahmen einer auf Gerechtigkeit gegründeten Ordnung verwirklichen.

Es ist schwer, diese Welt in Ordnung zu halten und liebens- und lebenswert zu gestalten. Nur ein Illusionist und Utopist kann übersehen, dass Bosheit, Hass und Selbstsucht ein friedliches, gedeihliches und gerechtes Zusammenleben immer wieder bedrohen. Der Mensch als Gemeinschaftswesen ist jedoch auf ein derartiges Zusammenleben angewiesen, um sich mit seinen ihm verliehenen Anlagen verwirklichen zu können.

3.3.1 Die Entscheidung für das Recht

Wie soll man sich unter diesen Bedingungen verhalten? Man kann einmal versuchen, sich als Opportunist geschickt in einer solchen Welt zu behaupten, die Situation auf jeden Fall für sich zu nutzen, um sein eigenes Schäfchen ins Trockene zu bringen. „Nach mir die Sintflut" oder „Jeder ist sich selbst der Nächste" sind die dazugehörigen Mottos.

Mitmenschlichkeit ist ein Verhalten, das sich nicht durch Gebote verordnen lässt. Sie ist eine von der ganzen Person getragene Einstellung. Sie ist einer sehr empfindlichen Pflanze vergleichbar, die durch ungünstige Einflüsse und schädliche Behandlung zerstört oder durch pfleglichen Umgang in ihrer Entwicklung gefördert werden kann.

Es gilt, Lebensumstände zu schaffen, in denen sich Mitmenschlichkeit zu entwickeln vermag. Und so, wie nur der gute Gärtner auf Grund seiner Erfahrung die Bedingungen für den besten Pflanzenwuchs kennt, so ist auch Weltwissen von Nöten, wenn die Bedingungen gefunden werden müssen, die Mitmenschlichkeit möglich machen. Grundsätze der Kindererziehung, partnerschaftliches Umgehen in der Familie oder kooperative Formen der Personalführung im Betrieb sind Beispiele, die andeuten sollen, was gemeint ist.

Diese Lebensformen müssen durch eine äußere Ordnung gestützt werden. Diese Ordnung kann sich in gesetzlichen Regeln niederschlagen, in allgemein anerkannten Normen ihren Ausdruck finden, oder zum sogenannten guten Benehmen gehören.

Es ist von besonderer Bedeutung für die Stabilität einer Gesellschaft, dass über elementare normative Vorstellungen Konsens herrscht, die in der Rechtsordnung zum Ausdruck kommt. Sobald diese von allen als verbindlich und freiwillig anerkannten Grundeinstellungen verloren gegangen sind, gerät das friedliche Zusammenleben in Gefahr. Zur Durchsetzung der Ordnung bleibt dann nur die Macht. Ein Blick in die Geschichte belegt das.

Eine menschliche Ordnung kann nie vollkommen sein. Eine Utopie lässt sich auf Erden nicht verwirklichen. Man muss sich mit Unzulänglichkeiten abfinden.

Wer die Realität an idealen Wunschvorstellungen misst, kritisiert und dann ablehnt, unterminiert das Vertrauen in die soziale Ordnung und richtet damit erheblichen Schaden an.

Man kann sich jedoch dafür einsetzen, dass ein Leben in Frieden und Gerechtigkeit möglich wird. Das kann auf allen Ebenen geschehen: In der Familie, im Beruf, im Sportverein oder in der Politik. Hierzu braucht es Tatkraft und Weltverständnis. Guter Wille allein genügt nicht. Mit Nächstenliebe und Demut allein lässt sich diese Welt nicht regieren. Frieden durch Gerechtigkeit und Ordnung verlangt oft genug eine harte Hand.

Der Medicus Cosimo der Alte, der Florenz im 15. Jahrhundert mit ruhiger und fester Hand durch manche Schwierigkeiten geführt hat, sagte:

„Man kann meine Heimatstadt nicht mit einem Vaterunser regieren."
Er scheint recht zu haben.
Das Mitgestalten einer friedlichen Welt in Gerechtigkeit und Ordnung
ist allemal ein lohnendes Lebensziel, das Befriedigung, Erfüllung und
Glück zu vermitteln vermag, lohnender jedenfalls als das Leben eines
selbstbezogenen Trittbrettfahrers.

3.3.2 Grundlagen des Rechts

In der Menschheitsgeschichte sind immer auch die großen Gesetzgeber
geehrt und anerkannt worden, die Normensysteme und Regelwerke

Gesetzessäule des Hammurabi

geschaffen haben, die für eine Gesellschaft Stabilität und Sicherheit und für die Mitglieder Glück, Zufriedenheit und Entfaltungsmöglichkeiten sicherstellen konnten.

Eines der frühesten, überlieferten Zeugnisse von Gesetzgebung und Normenfestlegung ist die Säule des Babyloniers Hammurabi.

Der Mensch ist ein Gemeinschaftswesen, das ohne soziale Umgebung nicht auskommt. Diese Einsicht bestätigt die Alltagserfahrung ebenso wie die Verhaltenspsychologie, die zeigt, dass wir von Anfang an Herdentiere waren und dass diese Eigenschaft auch im Laufe der Evolution nicht verloren gegangen ist.

Das soziale Verhalten von Tieren, die in Gesellschaften leben, ist instinktgebunden. Wir beobachten mit Staunen und Bewunderung z.B. die Organisation innerhalb eines Bienenstockes oder das Zusammenleben einer Gorillafamilie.

Die instinktgebundenen Verhaltensweisen und Reaktionsschemata haben sich im Laufe der Evolution so entwickelt, dass für das Individuum und damit auch für die Gruppe Überleben möglich wird. Hierbei müssen die Eigenschaften der Individuen und die äußeren Bedingungen, die von der Umgebung vorgegeben sind, gut aneinander angepasst sein.

Der Mensch ist das einzige Lebewesen, das sich von seiner ursprünglichen Instinktgebundenheit weitgehend gelöst hat und sein Verhalten zumindest teilweise nach seinen eigenen Vorstellungen regulieren kann. Das gilt sowohl für das Individuum wie auch für die Gesellschaft.

Der Mensch ist Kulturwesen mit weitgehenden Freiheiten. Das hat zur Folge, dass er Formen des Zusammenlebens gestalten kann, die weniger grausam und hart sind als die Formen, die sich in der Natur entwickelt haben. So sind z.B. der Kampf aller gegen alle und der Sieg des Stärkeren gegen den Schwächeren im privaten wie im sozialen Umgang für den Menschen nicht Naturgesetz. Der Sozialdarwinismus muss nicht die besten Überlebensmöglichkeiten bieten. Es kann sich zeigen, dass auf einer endlichen Erde, auf der jeder auf jeden angewiesen ist, Partnerschaft und Kooperation ein besseres Zusammenleben gestatten.

Auf der anderen Seite dürfen die Gesetze und Normen, die menschliches Verhalten im privaten und öffentlichen Bereich regulieren sollen, nicht willkürlich sein. Ähnlich wie beim instinktgebundenen Verhalten der Tiere müssen auch bei normengeleitetem, menschlichem Verhalten die äußeren Umstände mit den Eigenschaften und Fähigkeiten der Betroffenen gut aufeinander abgestimmt sein.

Der Naturrechtler, der von einer immer gültigen Ordnung ausgeht, irrt ebenso, wie der Rechtspositivist, der jedem beliebigen, wie auch immer gestalteten Normensystem Verbindlichkeit zuordnen will.

Ein brauchbares und funktionstüchtiges Rechtssystem ist ein hohes Gut, für das sich einzusetzen lohnend ist.

3.4 Weltfrömmigkeit

Der Mensch ist ein Naturwesen. Er kann sich nicht gänzlich aus den Bedingungen entfernen, die hierdurch gesetzt sind. Er darf das Bewusstsein nicht verlieren, dass die Verantwortung für die Gesamtheit der Natur, zu der er auch gehört, in seiner Hand liegt.

Der Mensch lebt nicht allein auf der Welt. Er ist eingebunden in das Gesamtgeschehen der Natur. Die Natur ist nicht für den Menschen da. Sie ist nicht nur Rohstoffquelle und dient nicht nur zur menschlichen Bedürfnisbefriedigung.

3.4.1 Die Naturverbundenheit des Menschen

Allgemein bekannt ist die berühmte, dem Häuptling Seattle zugeschriebene Rede:

Wir sind ein Teil der Erde und sie ist ein Teil von uns.
Die duftenden Blumen sind unsere Schwestern, die Rehe, das Pferd, der große Adler sind unsere Brüder.
Die luftigen Höhen, die saftigen Wiesen, die Körperwärme des Ponys und des Menschen, sie alle gehören zur gleichen Familie.
Denn das wissen wir, die Erde gehört nicht den Menschen, der Mensch gehört der Erde.
Der Mensch schuf nicht das Gewebe des Lebens, er ist darin nur eine Faser. Was immer ihr dem Gewebe antut, das tut Ihr Euch selbst an.
Denn alle Dinge teilen denselben Atem, das Tier, der Baum, der Mensch.
Ihr müsst Eure Kinder lehren: Die Flüsse sind Eure Brüder, und Ihr müsst den Flüssenvon Eurer Güte geben, so wie jedem anderen Bruder auch.

Wiederum gibt es keinen zwingenden Grund gegen eine Lebensart, die alles vom Menschen her sieht und eine Umwelt anstrebt, in der die Natur ihren Eigenwert verloren hat und sich alles den Interessen der

Menschen unterordnen soll. Diese anthropozentrische Sicht ist zur Zeit noch die vorherrschende.

Im Gegensatz dazu kann man die Welt in ihrer Gänze als zusammengehörig empfinden. In einer weiten, alles umgreifenden Einstellung sieht man, dass nicht der Mensch allein das Herausragende ist, sondern dass alles brüderlich und schwesterlich miteinander verbunden ist, allein weil es da ist.

Franziskus von Assisi hat dieser Weltsicht in wunderbarer Weise in seinem Sonnengesang Gestalt gegeben:

> *Gelobt seist Du, Herr,*
> *mit allen Wesen, die Du geschaffen,*
> *der edlen Herrin vor allem, Schwester Sonne,*
> *die für uns den Tag herauführt und Licht ...*
> *Gelobt seist Du, Herr,*
> *durch Bruder Mond und die Sterne,*
> *durch Dich sie funkeln am Himmelsbogen*
> *und leuchten köstlich und schön ...*
> *Gelobt seist Du, Herr,*
> *durch unsere Schwester, die Mutter Erde,*
> *die gütig und stark uns trägt,*
> *und mancherlei Frucht uns bietet*
> *mit farbigen Blumen und Matten ...*

Aus dieser Einstellung folgt, dass wir uns als Menschen für das Wohlergehen der gesamten Natur verantwortlich fühlen müssen. Es ergibt sich hierdurch eine emotionale Nähe und Verwandtschaft, die anthropozentrische Überheblichkeit unmöglich macht.

Der Mensch hat die Möglichkeit, gestaltend und ordnend zum Wohle aller tätig zu werden. Das gilt für ihn und für die gesamte Natur, deren Teil er ist.

3.4.2 Vom Verhältnis des Menschen zur Natur

Das Bild von Sassetta erzählt in rührender Weise die Geschichte vom Wolf aus Gubbio.

Es wird ein Vertrag mit Handschlag zwischen dem heiligen Franziskus und dem Wolf abgeschlossen. Offensichtlich gilt der Wolf als rechtsfähig. Mit Genauigkeit notiert der zugezogene Notar auf seinem Schemel die ausgehandelten Bedingungen. Die Vornehmen der Stadt wohnen nach Rang und Bedeutung wohl geordnet dem Zeremoniell bei. Oben

*Die Legende
des Wolfes
von Gubbio*

zwischen den Zinnen der Stadtmauer lugen die recht neugierigen, weiblichen Einwohner hervor, denen anscheinend die unmittelbare Teilnahme an einem so wichtigen Ereignis verwehrt war.

Der Wolf gelobt, keine Einwohner von Gubbio mehr anzufallen und zu fressen. Im Hintergrund künden Gebeine und ein halb zerfleischter Toter von den fürchterlichen Vorfällen der Vergangenheit. Da die Einwohner von Gubbio einsehen, dass sich der Wolf von irgendetwas ernähren muss, werden sie seine Fütterung auf öffentliche Kosten übernehmen.

Die Erde ist weder für Mensch noch Tier ein Paradies, in dem sich sorglos und freudvoll leben ließe. Mensch und Tier müssen einer wie der andere kämpfen und ringen, um ihren Lebensunterhalt sicherzustellen und um ihre Bedürfnisse zu befriedigen.

Muss es immer so sein, dass sich dieses Bestreben nur im Kampf gegeneinander erfüllen lässt? Oder gibt es vielleicht einen Weg, der gemeinsam gegangen zum Ziel führt?

Das Bild von Sassetta berührt wegen seiner liebenswerten Naivität. Wir als welterfahrene Angehörige einer Spätkultur mit unserer Skepsis und den belastenden Erfahrungen um soviel Leid und Unglück in der Menschheitsgeschichte wissen nur zu gut, dass es genau so, wie uns Sassetta glauben machen will, nicht gehen kann. Nie wird sich alles Leid und Unglück vollständig vermeiden lassen. Wir können diesbezüglich keinen notariell beglaubigten Vertrag abschließen. Wir können die Natur nicht durch Handschlag verpflichten, uns Menschen gegenüber nachsichtig und wohlwollend zu sein.

Wir können jedoch als Menschen die Verantwortung nicht nur für uns, sondern für die gesamte Natur übernehmen. Wir können mit unseren überlegenen geistigen Fähigkeiten versuchen, eine Ordnung zu finden, die nicht nur für uns, sondern für die gesamte Natur und für alles Lebendige die Erde jetzt und später zu einem lebenswerten Platz macht.

3.5 Würde und Selbstwertgefühl

Humanismus hat immer auch die Entwicklung und die Entfaltung der menschlichen Anlagen im Auge. Man soll das zu verwirklichen suchen, wozu man fähig ist. Hieraus ergibt sich ein ruhiges, seiner Selbst bewusstes Wertempfinden, das Voraussetzung für zahlreiche weitere erstrebenswerte Eigenschaften ist.

Die meisten ethischen Normen beziehen sich auf das Verhalten gegenüber der Umwelt, der Gesellschaft und den anderen Menschen. Nun gibt es daneben Lebensziele, die ausschließlich oder zumindest fast ausschließlich das eigene Ich und die eigene Persönlichkeit betreffen. Hierzu gehört z.B. die Entwicklung und Entfaltung der in der eigenen Persönlichkeit angelegten Möglichkeiten.

3.5.1 Die Entfaltung der eigenen Möglichkeiten

Wiederum ist es so, dass es hierfür keine zwingende Begründung gibt. Ob man die verschiedenen geistigen, musischen oder körperlichen Fähigkeiten ausbildet und schult oder sie vernachlässigt, führt zu keinen logischen Widersprüchen und steht auch zu keinen empirisch feststellbaren Sachverhalten im Gegensatz.

Man findet keinen zwingenden Grund, der einen eher bequem Veranlagten dazu bringen könnte, doch die eigene Vervollkommnung als Lebensziel zu akzeptieren.

Niemals werden wir einen Menschen, der gern so bleiben möchte wie er ist, mit rationalen Argumenten davon überzeugen können, dass es besser ist, nicht im Mittelmaß stecken zu bleiben, sondern sich und seine Fähigkeiten weiterzuentwickeln. Er wird sich gemütlich im Sessel zurücklehnen, mit sich und seinen Umständen zufrieden sein und die Bemühungen der Anderen als unnötig belächeln.

Die Entfaltung und Entwicklung der in der eigenen Persönlichkeit angelegten Möglichkeiten und Fähigkeiten kosten zunächst Mühe, Entbehrung und Arbeit und sind in der Regel nicht sonderlich angenehm. Denken wir z.B. an Übungsstunden, die erforderlich sind, um ein Musikinstrument so zu beherrschen, dass es als Bereicherung des eigenen Lebens empfunden wird!

Auf der anderen Seite werden wir hierfür reich belohnt. Wie viel Freude bereitet es z.B., eine Sportart gut zu beherrschen und den Körper in harmonischer Bewegung zu spüren! Welche Befriedigung ziehen wir aus einer kreativen, künstlerischen Betätigung! Welche Bereicherung erfahren wir, wenn es uns durch geistige Anstrengung gelungen ist, unser Wissen um die uns umgebende Welt zu erweitern!

All das führt letztendlich zu einer abgerundeten, vollen Persönlichkeit, die sich durch ein hohes Selbstbewusstsein und ein ausgeprägtes Selbstwertgefühl auszeichnet.

So werden wir zu der Überzeugung gebracht, dass die Entfaltung der eigenen Möglichkeiten trotz aller Anstrengungen schließlich reich belohnt wird.

Was ist von der Ansicht des Aristoteles zu halten, die er in seiner Politeia vorträgt:

Jeder soll immer das Höchste erstreben,
das zu erreichen ihm möglich ist.

Wir wollen strebend uns bemühen, weil wir uns damit für das reichere und sinnvollere Leben entscheiden, das sich nicht mit dem Gegebenen begnügt, sondern die uns anvertrauten Möglichkeiten voll ausschöpft.

Im Alltagsleben wird man immer wieder den Konflikt zwischen den Anforderungen spüren, die sich aus der Entwicklung der eigenen Persönlichkeit ergeben, und den ethischen Zielen, die sich auf die Mitmenschen und die Umwelt richten. Hier ist ein sorgfältiges Abwägen erforderlich, für das es keine allgemein gültige Richtschnur gibt.

Eine Vernachlässigung der eigenen Persönlichkeit zugunsten der Mitmenschen wird sich auf die Dauer nicht bewähren, da die innere Kraft dadurch verloren geht. Eine verkümmerte, ausgelaugte Persönlichkeit taugt nicht für Mitmenschlichkeit, da sie nichts mehr zu geben hat.

Auf der anderen Seite wird eine allzu enge Beschränkung auf die Entwicklung und Entfaltung der eigenen Persönlichkeit zu einer Verkümmerung führen. Was hilft der Reichtum einer Persönlichkeit, wenn man ihn nicht nutzen und ausgeben will?

3.5.2 Das Selbstwertgefühl als Voraussetzung eines erfüllten Lebens

Der Bamberger Reiter steht vor uns als eine in sich selbst ruhende, abgerundete, volle Persönlichkeit. Ein hohes Selbstbewusstsein und ein ausgeprägtes Selbstwertgefühl charakterisieren ihn.

Selbstbewusstsein und Selbstwertgefühl sind wohl die wichtigsten Eigenschaften, die eine Persönlichkeit auszeichnen. Sie machen seine Würde aus und sind die Voraussetzung für:
- die Hilfsbereitschaft den Schwachen gegenüber;
- die Fähigkeit, die Leistungen der Anderen anzuerkennen und sich mit ihnen darüber zu freuen;
- die Aufrichtigkeit, die es möglich macht, auch eigene Fehler einzugestehen;
- die Tapferkeit, die hilft, auch schwierigen Situationen nicht auszuweichen;
- die Gelassenheit, die aus der Überzeugung stammt, dass man nicht gierig immer neue Bestätigungen für die Bedeutung des eigenen Ich suchen muss;
- die Großzügigkeit, die es sich leisten kann, vom eigenen Reichtum abzugeben.

Wie viel hässliche Eigenschaften entstehen demgegenüber aus mangelndem Selbstbewusstsein und Selbstwertgefühl:
- der Neid, der uns nicht zufrieden sein lässt mit dem, was wir haben, sondern der nach dem schielt, was anderen gehört;

- die Intrige, der es unerträglich ist, dass andere sich sozialer Anerkennung erfreuen und die daher deren guten Ruf zu beschädigen sich bemüht;
- die Großmannssucht, die ihre eigene Minderwertigkeit nicht ertragen kann und daher sich und den anderen ihre Bedeutung und ihren angeblichen Wert vortäuschen muss;
- die Kleinlichkeit, die sich mit pedantischer Genauigkeit an Regeln hält, ohne die sie sich der Realität nicht gewachsen fühlt;
- die Hinterhältigkeit, die eine offene Auseinandersetzung scheut und nur durch Trug zum Ziel zu kommen glaubt;
- die Überheblichkeit und die Arroganz, deren glänzende Fassade nur das eigene Versagen bemänteln soll.

Ethische Systeme, die den Menschen erniedrigen, ihm den Stolz und die Freude an der eigenen Leistung nicht gönnen und ihm eine unab-

Der Bamberger Reiter

änderliche Verderbtheit nachsagen, handeln zutiefst inhuman.

Nur das ruhige und maßvolle Gefühl des eigenen Wertes und der eigenen Würde machen zu Eigenschaften fähig wie z.B. Hilfsbereitschaft, Aufrichtigkeit, Tapferkeit, Gelassenheit oder Großzügigkeit. Selbstbewusstsein und Selbstwertgefühl sind die Voraussetzungen, aus denen diese Tugenden wie von selbst fließen und deren Grundlage und Voraussetzung sie sind.

3.6 Dankbarkeit

Es scheint eine Eigenart des Menschen zu sein, das viele Gute, das ihm zuteil wird, als selbstverständlich anzunehmen und sich immer nur an dem zu stoßen, was den eigenen Wünschen und Vorstellungen nicht entspricht. Die Dankbarkeit macht immer wieder offensichtlich, wie viel beglückende Möglichkeiten das Leben trotz aller Not und allen Unglücks bereit hält.

Die Dankbarkeit schärft den Blick für das viele Gute, das uns zuteil geworden ist. Sie lässt uns immer wieder bewusst werden, welch wunderbares Geschenk dieses Leben ist. Sie verhindert, dass die kleinen Ärgernisse des Alltags uns die reiche und bunte Welt um uns herum, die Mitmenschen, die Mittiere, die Mitnatur grau und gleichgültig werden lassen.

Es scheint eine menschliche Eigenschaft zu sein, sich sehr schnell an das Gute zu gewöhnen und es für selbstverständlich zu halten.

Wie viele Dinge gibt es, für die wir dankbar sein können: Unsere Gesundheit, unsere Familie, unsere Arbeitsstelle, unsere Freunde und Bekannten und vieles mehr. Hierzu gehört weiterhin, dass wir in unserer Gesellschaft in bisher nie da gewesener Weise soziale Sicherheit, medizinische Versorgung, Bildung und Ausbildung, Rechtsstaatlichkeit und freie, persönliche Entfaltungsmöglichkeiten genießen dürfen. Ein Blick in die Geschichte sollte uns lehren, dass es keine Zeit gegeben hat, in der zumindest in der westlichen Welt eine so große Anzahl von Menschen ein Leben von derartiger Qualität führen konnte.

Auch wer vom Schicksal weniger reich beschenkt worden ist, findet immer noch Grund zur Dankbarkeit.

Die Dankbarkeit entspringt einer aktiven, positiven Grundeinstellung dem Leben gegenüber. Das Leben ist auch schön, reich, liebens- und lebenswert.

Wie arm sind dagegen die ewigen Nörgler, die Zyniker, die dauernd Negativen, deren zersetzende Kritik alles durchdringt, die sich an nichts mehr freuen können, und die verlernt haben, dankbar zu sein.

Die positive Grundeinstellung vermittelt Lebensfreude, aus der dann die Überzeugung fließt, dass es sich lohnt, für das Gute einzustehen. Aus dieser Überzeugung fließt dann die Kraft, die uns weiterhilft, wenn die Enttäuschung überhand nimmt, wenn wir das viele Elend und das viele Böse sehen, wenn wir glauben, wir wären mit unserer Lebenseinstellung die Dummen.

4 Abgrenzungen

Im Vergleich und in der Auseinandersetzung mit anderen, konkurrierenden Lebensformen lassen sich die Einsichten einer auf dem Humanismus sich gründenden Überzeugung besonders sinnfällig darstellen.

Eine Lebensform, die sich auf die an dieser Stelle dargestellten Grundsätze stützt, steht nicht unangefochten allein, sondern muss sich mit anderen Lebensformen auseinandersetzen. Glückstreben, idealistische Selbstverwirklichung, Weltverachtung und Weltentsagung, die Ästhetik der Existenz und eine außengeleitete Lebensform sind mögliche Alternativen, die zu beachten sind. Es ist der Verstand, der hier prüfend und vergleichend eine Aufgabe hat.

Außerdem hat sich der Verstand mit möglichen Vorbehalten auseinander zu setzen. Hier sind besonders die Einwände zu beachten, die einen unzeitgemäßen Existentialismus, erbauliche Romantik, atheistischen Nihilismus oder die Unmöglichkeit einer Verfügbarkeit des menschlichen Lebens behaupten.

4.1 Verbrämter Egoismus?

Die Forderung nach äußerster Selbstlosigkeit ist inhuman. Es ist nicht nachvollziehbar, wieso das Bemühen um ein erfülltes und sinnvolles Leben mit Egoismus gleichzusetzen ist. Der Einsatz für Lebensziele, die man als sinnvoll erkannt hat, hat mit Eigennutz nichts zu tun. Auch der Vorwurf, ein nach ethischen Gesichtspunkten ausgerichtetes Leben habe nur das eigene Glück zum Ziel und werde daher nur aus selbstsüchtigen Gründen geführt, ist unzutreffend. Es zeigt sich, dass eine Lebensform, die sich das Glück zum Ziel nimmt, dieses Glück in der Regel verfehlt.

Wir stehen in diesem Zusammenhang vor der Frage, ob es nicht ausschließlich egoistischer Eigennutz ist, der uns bewegt, tugendhaft zu sein. Sind wir nicht nur auf den eigenen Vorteil aus, wenn wir eine Lebensform anstreben, die den ethischen Vorstellungen entspricht?

Hierzu gibt es drei Antworten:

Zunächst gibt es keinen Grund, ein reiches und erfülltes Leben mit dem Egoismusvorwurf zu belegen. Natürlich ist es ein persönliches Anliegen, sein Leben in einer den eigenen Vorstellungen entsprechenden Weise zu gestalten. Dieses Anliegen hat jedoch mit Egoismus nichts zu tun, solange die gewählte Lebensform sich nicht nur auf das eigene Wohlergehen beschränkt, sondern auch Mitmenschlichkeit und Gemeinschaftsbewusstsein einschließt.

Zum Zweiten hat ein gewisser Egoismus durchaus seine Berechtigung. Ein sinnvolles und erfülltes Leben muss das eigene Glück nicht von vornherein auszuschließen. Wer sagt denn, dass ein erfülltes und sinnvolles Leben gleichbedeutend mit Verzicht, Freudlosigkeit, Entbehrung und Askese sein muss? Oftmals, wenn auch nicht immer, ist das Gegenteil der Fall!

Ethische Normen haben die Aufgabe, den Menschen auf seinem Weg zu einem reichen und erfüllten Leben zu führen und zu leiten. Ethische Normen geben Hinweise, auf welche Weise ein solches Leben erreicht werden kann, und sie warnen vor Hindernissen und Gefahren.

Das Gebot „Du sollst nicht falsch Zeugnis reden wider Deinen Nächsten" ist kein ewig bestehendes Sittengesetz, sondern eine bewährte Anweisung, die zu einem menschlicheren und offeneren Miteinander führen soll.

Zu lange hat Kant mit seinem gefühlskalten Pflichtverständnis die Ethik beherrscht. Es ist eben nicht so, dass nur das als sittlich gilt, was den eigenen Gefühlen und Neigungen widerspricht und was unangenehm ist. Mit Recht verspottet der lebensvolle Schiller den eher knöchernen Kant mit den folgenden, bekannten Versen:

Gern dien' ich den Freunden,
doch tu' ich es leider aus Neigung,
und so wurmt es mich oft,
dass ich nicht tugendhaft bin.
Decisum
Da ist kein anderer Rat,
du musst suchen, sie zu verachten,

und mit Abscheu alsdann tun,
wie die Pflicht dir gebeut.

Die dritte Antwort auf den Egoismusvorwurf enthält eine merkwürdige Beobachtung. Das Glücksgefühl, das sich einstellt, wenn man etwas gut und richtig getan hat, verschwindet, wenn man dieses Glücksgefühl selbst zum Ziel seines Handelns macht. Dieses Glücksgefühl ist sozusagen die Dreingabe, die sich von selbst ergibt, wenn ein sinnvolles und erfülltes Leben gelingt. Sobald wir jedoch nicht die ethischen Normen an sich im Auge haben, sondern uns ihrer nur bedienen, um das dazugehörige Glücksgefühl genießen zu können, verschwindet es und wir stehen mit leeren Händen da.

Ein sinnvolles und erfülltes Leben entgeht dem Egoismusvorwurf, da das persönliche Glück nicht angestrebt, sondern nur dankbar angenommen wird. Gleichzeitig bleibt immer bewusst, dass ein sinnvolles und gelungenes Leben oftmals auch mit Verzicht, Leid und Entbehrungen verbunden sein kann.

Diese Einsicht führt somit zu einer hohen Lebenskunst, die sich um die ethischen Normen um ihrer selbst willen bemüht und dafür immer auch wieder reich beschenkt wird.

4.2 Alternative Lebensformen

An einigen Beispielen werden Lebensformen vorgestellt, die um Anerkennung und Befolgung konkurrieren. Keine lässt sich rational begründen oder widerlegen. Man kann sie jedoch auf ihre Voraussetzungen und Konsequenzen hin untersuchen. Es gibt gute Gründe, sich ihnen nicht anzuschließen.

Von möglichen alternativen Lebensformen sollen fünf besonders betrachtet werden. Es handelt sich einmal um ein Leben, das das Glück als höchstes Ziel anstrebt. Eine weitere Lebensform sieht die idealistische Selbstverwirklichung als das, was ein Leben erfüllt und sinnvoll macht. Dazu kommen Weltverachtung, Existenzästhetik und außengeleitetes Leben.

4.2.1 Das Glück

Kann Lebensglück oberstes Lebensziel sein? Bedauerlicherweise ist der Begriff „Glück" nicht scharf definiert. In der Umgangssprache werden ganz unterschiedliche Sachverhalte mit diesem Wort bezeichnet. Es wird daher notwendig sein, eine erste, vorsichtige Unterscheidung einzuführen.

Der Begriff „Glück" wird verwendet, um ein zufälliges, unerwartetes und erfreuliches Ereignis zu bezeichnen. Man hat Glück, wenn man in der Lotterie gewinnt. Diese Bedeutung kann im Folgenden außer Betracht bleiben.

Oftmals wird Glück mit Lust gleichgesetzt. Lust ist hierbei das angenehme Gefühl, das sich einstellt, wenn physische und psychische Bedürfnisse befriedigt werden. Dieses Gefühl kann man z.B. erleben, wenn man Hunger hat und dann etwas zu essen bekommt. Unlust spürt man, wenn Bedürfnisse versagt werden.

Glück kann jedoch auch ein lang anhaltendes Gefühl sein, das von einer inneren Zufriedenheit und vom Bewusstsein der eigenen Würde und des eigenen Wertes getragen wird. Die griechische Philosophie bezeichnet diese Art von Glück mit dem Wort Eudaimonia. Um Verwechslungen mit dem Glücksbegriff, der sich an Lust orientiert, zu vermeiden, wird im Folgenden das Wort Eudaimonia beibehalten.

Eine hedonistische Lebensform beschränkt sich auf das Streben nach Lusterlebnissen und auf die Vermeidung von Unlust. Das bedeutet, dass man sich willentlich und bewusst auf die Befriedigung seiner Bedürfnisse beschränkt und keine anderen Lebensziele anerkennt.

Nun kann man beobachten, dass das Lusterlebnis, das mit der Bedürfnisbefriedigung verbunden ist, mit der Zeit abklingt, und sich ein normaler, lust-, aber auch unlustfreier Zustand einstellt.

In der Regel wird der Reiz, der dann zu erneuten Lustgefühlen führen soll, fortgesetzt immer stärker sein müssen. Wenn man sich daran gewöhnt hat, seinen Hunger mit normaler Nahrung zu stillen, wird man des weiteren Festtagsessen benötigen, um Lust zu empfinden. Und wenn auch das selbstverständlich geworden ist, werden noch ausgefallenere Reize erforderlich werden, bis man bei den Nachtigallenzungen der Römer angekommen ist.

Die Verfechter des Hedonismus betonen, dass alle Lebewesen nach Bedürfnisbefriedigung und nach Lust streben. Es sei daher gut und richtig, sich daran zu orientieren und dieser naturgegebenen Veranlagung zu folgen. Der griechische Philosoph Epikur ist wohl derjenige, der eine Lebensform, die sich auf Lustgewinn und Unlustvermeidung konzentriert, als erstes ausgearbeitet hat. Allerdings vertritt Epikur eine verfeinerte Lebenskunst, die auch z.B. das Bedürfnis nach Freundschaft und dergleichen berücksichtigt und die sich daraus ergebende Lust in den Vordergrund rückt.

Es muss an dieser Stelle noch einmal festgehalten werden, dass es keine rationale Möglichkeit gibt, diesen hedonistischen Lebensentwurf zu widerlegen. Wer sich hierfür entscheidet, dem kann nicht widersprochen werden. Es gibt allerdings gute Gründe, die dafür sprechen, dass es bessere und sinnvollere Lebensformen gibt.

Zunächst einmal muss man die Erfahrungstatsache zur Kenntnis nehmen, dass es eine endgültige Bedürfnisbefriedigung nicht gibt. Wie bereits herausgestellt wurde, verlangt ein Lustreiz nachfolgend nach einem höheren, um erlebbar zu sein. Innere Ruhe und Zufriedenheit werden sich auf diese Weise niemals einstellen können. Bliebe als mögliches Ziel nur ein lust- und unlustfreier Zustand. Manches deutet darauf hin, dass Epikur diese Situation im Auge hatte. Es bleibt zu fragen, ob ein derartiges Leben ohne Tiefen und Höhen, das im ungestörten Gleichklang dahin fließt, wirklich erstrebenswert ist. Wird man in einem derartigen Fall am Ende wirklich sagen können, ein sinnvolles und erfülltes Leben verwirklicht zu haben?

Sodann könnte man argumentieren, dass es für einen Hedonisten das Beste wäre, er würde sich an eine „Glücksmaschine" anschließen, die ständig das Glückszentrum im Gehirn anregt und ihm damit ein dauerhaftes Glücksempfinden verschafft. Wiederum muss man fragen dürfen, ob ein derartiges Leben wirklich lebenswert ist. Hat ein Leben nicht mehr zu bieten als ungestörtes Wohlbehagen?

Zum Dritten muss man zwar zugestehen, dass man in freier Entscheidung ein Leben wählen kann, das sich auf Bedürfnisbefriedigung und Lust beschränkt. Dem Menschen stehen jedoch als einzigem Lebewesen noch andere Alternativen offen. Er kann z.B. eine Lebensform wählen, die sich an Weltfrömmigkeit und Frieden, an Ordnung und Recht, an Würde und Mitmenschlichkeit ausrichtet. Ist es nicht sinnvoller, wenn ein Mensch am Ende seines Lebens sagen kann, dass die Welt durch ihn ein - wenn auch nur in allerkleinster Weise - besserer Ort geworden ist, als wenn er feststellt, dass er seine Bedürfnisse, so gut es eben ging, befriedigt hat und soviel Lust wie möglich erlebt und so wenig Unlust wie möglich erfahren hat?

Dem Hedonismus kann man eine weiterreichende und tiefgründigere Überzeugung entgegensetzen, die eine grundsätzliche, ruhige und gelassene Einstellung zu sich und der Welt umfasst, die lang andauernd ist, über verschiedene Lebenssituationen hinweg erhalten bleibt und auch durch zeitweilige, schwierige Zeiten und gelegentliche Misserfolge nicht beeinträchtigt wird. Hierfür soll der griechische Begriff Eudaimonia verwendet werden. Aristoteles hat die Eudaimonia

*Büste des
Aristoteles*

in seiner auch heute noch gut lesbaren Nikomachischen Ethik ausführlich beschrieben.

Eudaimonia ist ein hoher Wert, der einen ganz wichtigen Teil der Lebenskunst ausmacht. Sie scheint jedoch selbst nicht Lebensziel sein zu
können. Die Erfahrung zeigt immer wieder, dass Eudaimonia verschwindet, sobald sie selbst zum Lebensziel gemacht wird. Eudaimonia stellt
sich wie von selbst ein, wenn man das Bewusstsein hat, ein sinnvolles
und erfülltes Leben zu führen. Es ist ein zusätzliches Geschenk.

Wer z.B. Freundschaft mit anderen nur sucht, um glücklich zu werden,
wird das Glück verfehlen. Wer dagegen die Freundschaft als Wert an
sich sieht, wird, ohne es eigentlich beabsichtigt zu haben, Glück erleben.

Ein gelungenes und erfülltes Leben ist sozusagen Selbstzweck und nicht
Mittel zum Erlangen von Glück. Die Lebenserfahrung zeigt, dass sich
Eudaimonia dann wie von selbst ergibt.

Nun wäre es wirklichkeitsfremd, wenn man behaupten würde, dass ein gelungenes und erfülltes Leben wie von selbst zu Eudaimonia führt. Es ist vielmehr nur eine, wenn auch die wichtigste Voraussetzung. Schon Aristoteles weist darauf hin, dass Gesundheit, ein befriedigendes Familienleben, soziale Anerkennung und ein gewisses Maß an Vermögen in unterschiedlichem Maße ebenso dazuhören müssen.

Vielleicht gelingt es sogar, Eudaimonia auch in schwierigen Situationen zu verwirklichen, die ganz sicher nicht unter den normalen Glücksbegriff fallen. Man denke nur an die Widerstandskämpfer im Dritten Reich, wie Bonhoeffer oder Goerdeler. Beide haben Lebensformen gewählt, die im höchsten Maß Bewunderung abnötigen. Man kann sich vorstellen, dass Goerdeler bei seiner Vernehmung vor Freisler oder Bonhoeffer bei den Bombenangriffen, die er im Gefängnis erlebt hat, das Bewusstsein nicht verloren haben, sinnvoll gelebt zu haben.

Sind nicht die Leben Goerdelers oder Bonhoeffers reicher und gehaltvoller als z.B. das Leben eines Menschen, der nur auf sein persönliches Wohlergehen bedacht ist oder dessen Lebensziel nur Vergnügen und Lustgewinn oder die Vermeidung von Unlust und Unglück ist? Man kann das nicht rational beweisen; man kann das nur als seine persönliche Überzeugung annehmen und zur Richtschnur des eigenen Lebens machen.

Das alles heißt allerdings nicht, dass man trist als grauer Tugendbold oder härener Asket auf alles Glückbringende und Schöne verzichten müsste. Man darf sich freuen an einem aufmerksam gedeckten Tisch und einer guten Mahlzeit, an einem bereichernden Gespräch mit einem Freund, an einer langwährenden Liebesbeziehung, an einer erlebnisreichen Wanderung in der Natur, an der beruflichen Anerkennung, an einem beeindruckenden Kunstwerk oder an der Beobachtung, wie die eigenen Kinder heranwachsen. Gelegenheiten zum Glück gibt es unendlich viele.

Am Glück im Sinne von Eudaimonia darf man sich freuen und man darf dankbar dafür sein. Als letztes Ziel für ein sinnvolles und erfülltes Leben taugt es allerdings nicht.

4.2.2 Idealistische, humane Selbstverwirklichung

Der Humanismus in all seinen Spielarten geht letztendlich von einem ewigen, immer gültigen und idealen Menschenbild aus, dem es nachzueifern und näher zu kommen gilt.

Die griechische Klassik hat diese Vorstellung als erstes herausgearbeitet und in der Kunst Gestalt werden lassen. Der Mensch an sich ist hierbei schön

und gut. Ihren Höhepunkt erreichte diese Weltsicht in Polyklets Dorypho-
ros. In der Schrift Kanon versucht Polyklet zu zeigen, wie in der idealen
Menschengestalt sogar ideale Zahlenverhältnisse verborgen liegen.
Dieser zunächst in der Kunst vorgetragenen Überzeugung gibt Platon
eine begriffliche Fassung. Er postuliert eine ewige, hinter allen realen
Dingen stehende Idee. Das gilt auch für den Menschen. Es ist der Sinn
und der Zweck dieses irdischen, mit Fehlern und Unzulänglichkeiten
behafteten Daseins, der wahren Idee des reinen Menschen nahe zu
kommen und im Gleichmaß von Körper, Seele und Geist eine Ausprägung
dieser Idee auf Erden zu verwirklichen.

Römische Kopie
der Bronzestatue
des Polyklet

Welch eine großartige Vorstellung!

Dieser Humanismus hat in der nachfolgenden Zeit immer wieder vorbildgebend gewirkt, so z.B. in Rom zur Zeit des Klassizismus unter Kaiser Augustus, während der Renaissance oder in romantisierter Form in der deutschen Klassik von Winckelmann bis Goethe.

Grundlage dieses wohl einmaligen abendländischen Humanismus ist die Überzeugung von der Existenz der „Idee Mensch", die es in dieser realen Welt zu verwirklichen gilt. Das Streben nach Vervollkommnung heißt, sich mit seinem individuellen Leben dieser Idee immer stärker anzunähern. Dieses Bemühen gibt dem persönlichen menschlichen Leben Ziel, Inhalt und Sinn. Nun ist es kaum möglich, an ein ewiges, ideales Menschenbild zu glauben, wenn man gleichzeitig zur Überzeugung gekommen ist, dass der Mensch ein Zufallsprodukt der Evolution ist und das auch anders hätte aussehen können und vielleicht in Zukunft tatsächlich auch anders aussehen wird.

Verlässt man die Vorstellung eines idealen, vorbildgebenden Menschenbildes von an sich existierender Verbindlichkeit, so könnte man darüber nachdenken, im realen, tatsächlichen Wesen des Menschen einen dem Leben einen Sinn gebenden Zielzustand zu sehen. Die Entwicklung und Ausgestaltung der im Menschen in natürlicher Weise angelegten Möglichkeiten wäre dann erstrebenswert.

Mit dieser Einsicht löst sich auch der Lebenssinn des klassischen Humanismus auf.

Nun sieht man jedoch sehr schnell, dass die natürlichen menschlichen Anlagen nicht nur Gutes und Erstrebenswertes enthalten. Die Geschichte offenbart unendlich viel Grausamkeit, Bosheit, Brutalität und Unmenschlichkeit, so dass der wirkliche Mensch, wie er tatsächlich ist, kein Vorbild für das sein kann, was es zu verwirklichen gilt.

Wenn uns an illusionsfreier Wahrheit gelegen ist, kommen wir um diese erschütternden Einsichten nicht herum. Die geistige Redlichkeit zwingt uns dazu und lässt uns keinen Ausweg.

Es ist ein vergebliches Unterfangen, einen klassischen Humanismus, der nicht mehr zu retten ist, mit Hilfskonstruktionen zu verteidigen. Vielmehr ist eine neue Begründung erforderlich.

Zunächst müssen wir uns bescheiden und anerkennen, dass es ein sinnvolles Lebensziel sein kann, nicht einem idealen ewigen Menschenbild nachzujagen, sondern die Möglichkeiten des Menschen, wie er sich gerade in dieser Zeit entwickelt hat, voll zur Entfaltung zu bringen, damit zu einem reicheren Leben beizutragen und Glück möglich zu machen.

In freier Entscheidung bekennen wir uns zu einem unscheinbaren, relativen Humanismus. Wir gehen hierbei von der Überzeugung aus, dass es für diese Lebensform zur Zeit keine lohnende Alternative gibt.

4.2.3 Weltverachtung und Weltentsagung

Im Laufe der Geschichte hat es immer wieder Entwürfe für eine Lebensform gegeben, die davon ausgehen, dass die äußere Welt an sich schlecht und böse ist und deswegen überwunden werden muss. Da alles Irdische und damit auch alles Menschliche negativ besetzt ist, wird bei einer solchen Lebensform nicht die volle Entwicklung dessen erreicht, was dem Menschen möglich ist. Sie wird stattdessen versuchen, alles Irdische und Menschliche zu überwinden. Das gilt besonders für die natürlichen Anlagen.

Die Versuchung des Heiligen Antonius

Die leiblichen Bedürfnisse müssen abgetötet werden. Es ist die Aufgabe, den Versuchungen der Welt zu widerstehen. Oftmals soll die Kasteiung des eigenen Leibes eine Befreiung von derartig bösen, weltlichen Gelüsten bewirken. Oder sie kann als Reinigung oder Selbstbestrafung gemeint sein, wenn man glaubt, den weltlichen Versuchungen erlegen zu sein. Das Bild von Hieronymus Bosch zeigt die Versuchung des Heiligen Antonius.

Entsagung und Weltflucht finden sich besonders in religiös begründeten Weltanschauungen. Mönche, ganz unabhängig davon, ob sie der christlichen, der buddhistischen oder der chinesischen Religion angehören, sind ein Beispiel dafür. Bei ihnen liegt oftmals das Hauptaugenmerk nicht auf Lebensfreude, Weltbejahung oder Daseinsbewältigung, sondern vielmehr auf Selbstverleugnung, Entsagung oder Enthaltsamkeit. Gleichzeitig soll durch unnatürliche Lebenspraktiken wie Schlafentzug oder Redeverbot ein Bewusstseinszustand erreicht werden, der Zugang zu einer spiritualistisch verstandenen, jenseitigen Welt ermöglicht. Es wird dann eine Weisheit in Anspruch genommen, die angeblich Einsichten in die Tiefen des Daseins möglich macht, die den normalen, der oberflächlichen Lebenswelt verhafteten Menschen verschlossen bleiben.

Als Lohn für eine derartige Lebensform winken eine Erlösung aus dieser Welt und ein Eingehen in ein als besser und wirklicher vorgestelltes Jenseits.

Den herausragenden und überzeugenden Vertretern derartiger Lebensformen werden von ihren Anhängern oftmals besonderes Ansehen und besondere Ehre zuteil. Man sieht sofort, dass eine derartige Lebensform von mehreren Glaubensüberzeugungen abhängig ist.

Zum Ersten wird ein die reale Lebenswelt übersteigendes Jenseits vorausgesetzt.

Zum Zweiten ist die diesseitige Welt von Grund auf schlecht und böse und muss überwunden werden.

Drittens macht es keinen Sinn, sich für die Verbesserung der weltlichen Umstände einzusetzen. Wozu auch? Die Rettung der eigenen Seele hat oberste Priorität.

Wer diese Glaubensüberzeugungen nicht teilt, wird die damit verbundene Lebensform nicht wählen können.

4.2.4 Ästhetik der Existenz

Wenn es keine verpflichtenden und rational begründbaren Vorschriften gibt, kann man zu der Überzeugung gelangen, sein Leben nach ästhetischen Gesichtspunkten zu gestalten. Man macht sein Leben zu einem Kunstwerk. So, wie ein Künstler ein Gemälde, einen Roman oder ein Musikstück zunächst im Bewusstsein entwirft und dann in der Wirklichkeit zu realisieren versucht, ebenso entwirft und realisiert der Lebensästhet sein Dasein.

Bevor man eine Ästhetik der Existenz akzeptiert, ist es sinnvoll kurz zu bedenken, was denn nach den Vorstellungen eines Lebensästheten ein gelungenes Kunstwerk ausmacht, und welche Anforderungen man an es stellen sollte.

- Zunächst einmal sollte es originell sein und ein unverwechselbares, eigenes Profil aufweisen. Nur einfallslose Epigonen geben sich mit dem einfachen Nachahmen und Imitieren zufrieden. Rembrandt, Goethe oder Beethoven hatten keine überzeugenden Nachfolger. Ihre Werke waren Unikate, deren Wert gerade auch in ihrer Einmaligkeit liegt.
- Außerdem wird es dem großen Künstler schwer fallen, rational zu begründen, warum er sein Kunstwerk so und gerade so geschaffen hat. Der schöpferische Prozess bleibt letztendlich unerklärbar und bedarf keiner Rechtfertigung.
- Dazu kommt, dass es keine Vorschriften oder Rezepte gibt, nach denen man ein Kunstwerk gestalten sollte. Gerade Kunstwerke, die auf diese eher mechanische Weise geschaffen wurden, würde man als einfallslos, langweilig und steril bezeichnen. Der Entwurf und die Realisierung eines Kunstwerkes ist immer ein kreativer Prozess, der ganz eng an die Persönlichkeit des Künstlers gebunden ist.
- Schließlich stellt man immer wieder fest, dass Kunstwerke, die wahrhaft Kunstwerke sind, von ihrer Umwelt oftmals nicht verstanden werden. Erst nachfolgende Generationen erkennen das, was sie auszeichnet. Der Künstler und sein Werk nehmen in der Gesellschaft oftmals eine Ausnahmeposition ein, die den Künstler in die Isolation und in die Einsamkeit drängt. Soziale Anerkennung bedeutet dem Künstler nichts; nur die Möglichkeit, sein Werk zu gestalten und sich in seinem Werk zu verwirklichen, ist ihm wichtig.

Diese vier Forderungen an ein Kunstwerk wird der Lebensästhet auch für sich beanspruchen. Man kann sie unverändert auf ihn übertragen. Der Lebensästhet wird die individuelle Originalität und Einmaligkeit seines Lebens betonen, das keinem Schema und keiner vorgefertigten Schablone entspricht. Vorschriften, Normen oder Regeln engen ihn ein und hindern ihn an der Realisierung seines Lebensentwurfs. Er wird sie als Disziplinierungsinstrumente für Kleingeister verachten.

Der Lebensästhet wird für diesen seinen Lebensentwurf keine Begründung und keine Rechtfertigung geben können und es auch nicht wollen. Um ein derartiges Leben führen zu können, wird er die Isolation und die Einsamkeit in Kauf nehmen oder unter Umständen sogar genießen.

Der Lebensästhet ist ein exzentrischer Bonvivant, der die Selbstgestaltung, die zur Selbstinszenierung ausarten kann, zum Lebensziel macht.

Die Ästhetik der Existenz ergibt sich aus einem extremen Nihilismus und aus einem bis zum Extrem getriebenen Individualismus.

Es gelten keinerlei verbindliche oder zumindest nachvollziehbare Richtlinien. Für Werte wie z.B. Mitmenschlichkeit, Frieden und Ordnung, Weltfrömmigkeit oder Selbstwert wird der Lebensästhet nur Verachtung übrig haben und ihre Vertreter als Gutmenschen verspotten. Tugenden erscheinen ihm lächerlich.

Dieser Individualismus will mit der Masse, den Vielen, den kleinkarierten und borniertten Alltagsmenschen nichts zu tun haben. Sie bedeuten nichts, man ist ihnen gegenüber zu nichts verpflichtet, und man gebraucht sie nur als Subalterne, die dafür zu sorgen haben, dass man sich den aufwändigen Lebensstil, der mit der Ästhetik der Existenz zweifelsohne verknüpft ist, auch leisten kann. Die Familie, die Freunde, die Arbeitskollegen, die Mitbürger, das gesamte gesellschaftliche und soziale Umfeld degenerieren zur Bühne, auf der sich der Lebensästhet produziert und zur Darstellung bringt.

Zum wiederholten Male muss festgestellt werden, dass eine derartige Lebensform durchaus möglich erscheint und auch in sich geschlossen ist.

Man muss sich nur fragen dürfen, ob es ausreicht, am Ende seines Lebens vor sich selbst und der Umwelt feststellen zu müssen, man habe sein Leben damit zugebracht, ästhetisch gelebt zu haben. Was sagt der Lebensästhet zu Menschen wie z.B. Martin Luther, Galileo Galilei, Albert Schweitzer oder den unendlich vielen anderen, die im Großen, aber auch im Kleinen andere Lebensziele zu verwirklichen sich bemüht haben? Erscheint das Leben des Lebensästheten dann nicht hohl und leer? Wird sich der Lebensästhet nicht fragen müssen, ob er sein Erdendasein nicht sinnvoller, reicher und erfüllter hätte leben können, als es nur ästhetisch zu gestalten?

Gerade dann, wenn die Selbstgestaltung zur Selbstinszenierung wird, scheint sich zu zeigen, dass der Lebensästhet selbst die Inhaltslosigkeit seines Lebens bewusst oder unbewusst spürt und sich selbst oder der Umwelt einzureden versucht, wie nachahmenswert dieser sein Lebensstil doch sei. Die äußerlich zur Schau getragene Extravaganz verhüllt nur die innere Leere und die Bedeutungslosigkeit dieser Lebensform. Die überhebliche Arroganz, die der Lebensästhet den Vielen gegenüber zur Schau trägt, verlangt einen hohen Preis. Sie bedeutet den Verzicht auf eine der wichtigsten Lebensgrundlagen, die den Menschen zu einem Menschen macht, nämlich die Gemeinschaft mit anderen. Der Mensch ist ein Gemeinschaftswesen; seiner Natur nach ist er gesellig. Nur in der Gemeinschaft mit seinen Mitmenschen kann er seine Anlagen und Fähigkeiten zur Entfaltung bringen. Nur in diesem Zusammenhang wird ihm Lebensglück in Form von Eudaimonia zuteil werden.

Der Lebensästhet wird vorgeben, auf das alles verzichten zu können. Soll man ihm das wirklich glauben?

4.2.5 Die außengeleitete Lebensform

David Riesman unterscheidet in seinem Buch „Die einsame Masse" drei Grundtypen von Gesellschaft:
- traditionsgeleitet
- innengeleitet
- außengeleitet

Die Mitglieder einer traditionsgeleiteten Gesellschaft übernehmen und akzeptieren die überlieferten Lebensformen mit den hier gültigen Normen und Verhaltensvorschriften, ohne sie letztlich zu ihren eigenen zu machen und zu verinnerlichen. Sie gehorchen den Normen und Verhaltensvorschriften, um Sanktionen zu vermeiden.

In einer innengeleiteten Gesellschaft folgen die Mitglieder einer jeweils eigenen, selbst gewählten Lebensform. Sie sind in ihrem Verhalten autonom und richten sich nach einer persönlichen Werteordnung.

Eine außengeleitete Gesellschaft kennt keine langfristig gültige Werteordnung. Die Lebensform und die damit verbundenen Zielvorstellungen wechseln rasch. Ihre Mitglieder sehen sich vor die Aufgabe gestellt, sich diesem Wandel anzupassen und immer bedacht zu sein, den gerade gültigen Stand nachzuvollziehen. Man muss ständig auf dem Laufenden sein um zu wissen, was gerade „angesagt", was „in" oder was „cool" ist. Eine derartige Gesellschaft gleicht einem großen Fischschwarm, der sich ohne erkennbares Ziel bewegt, und dessen Mitglieder immer darauf bedacht sein müssen, im Strom mitzuschwimmen und den Kontakt zu den anderen nicht zu verlieren.

Es spricht einiges dafür, dass die gegenwärtige Gesellschaft dem von Riesmann vorgestellten Typ der außengeleiteten Gesellschaft entspricht.

Im Normalfall sind sich die Mitglieder einer außengeleiteten Gesellschaft dieser Tatsache nicht unmittelbar bewusst. Ihr Verhalten entspricht keiner eigenen, überlegten Vorgehensweise.

Im Gegensatz dazu kann man jedoch auch die Anpassung an die gerade gültige Lebensform und die damit verbundenen Werteordnungen absichtlich und nach freier Wahl für sich verbindlich sein lassen. Man gleicht dann einem Lebenskünstler im eher oberflächlichen Sinn, der sich geschickt anpasst, sein Fähnchen immer nach dem Wind hängt, charmant allen grundsätzlichen Schwierigkeiten aus dem Weg geht, nirgends aneckt und immer bemüht ist, für sich das Beste aus einer Situation zu machen, und das, was das Leben bietet, auszukosten, wo es nur geht.

Es mag sein, dass ein derartiger Opportunist tatsächlich ohne Blessuren durchs Leben kommt.

Wiederum muss man fragen, ob ein derartiges Leben wirklich sinnvoll ist und als erfüllt bezeichnet werden kann. Ist „ohne Blessuren durchs Leben kommen" wirklich das, was bei einer Schlussbilanz am Ende der Erdenlaufbahn als befriedigendes Ergebnis akzeptierbar ist?

4.3 Einwände

Eine Lebensform, auf die sich ein ganzes Leben gründen soll, muss sich auch mit möglichen Einwänden kritisch auseinandersetzen. Die blauäugige Überzeugung, man wolle doch nur das Gute, genügt nicht.

Nun ist es nicht verwunderlich, dass es gegen die an dieser Stelle vorgestellte philosophische Position Einwände gibt. Auf vier von ihnen soll etwas ausführlicher eingegangen werden. Sie werfen der hier vorgestellten Ethik vor, sie sei

- unzeitgemäßer Existentialismus,
- erbauliche Romantik,
- atheistischer und unchristlicher Nihilismus
- und lasse die Unverfügbarkeit des menschlichen Lebens unberücksichtigt.

Im Folgenden soll darauf eingegangen werden.

4.3.1 Unzeitgemäßer Existentialismus

Der Existentialismus ist eine Weltanschauung, die davon ausgeht, dass es außer unserer irdischen Welt nichts Transzendentes gibt bzw. es nicht erkannt werden kann. Daraus folgt, dass ein absolut gültiger Sinn für das menschliche Leben nicht auszumachen ist. Es geht daher nicht darum, diesen Sinn zu entdecken, sondern vielmehr darum, dem Leben bewusst und gezielt einen Sinn zu geben.

Obwohl die hier vertretene Einstellung mit dem Existentialismus in den Grundeinsichten übereinstimmt, gibt es dennoch Unterschiede.

In Samuel Becketts Stück „Warten auf Godot" vertreiben sich Estragon und Wladimir die Zeit mit sinnlosen Albernheiten. Sie scheinen ihre Situation zu genießen und machen keinerlei Anstalten, sie zu ändern. Man hat den Eindruck, als käme ihnen ihre Situation als bequemer Vorwand sehr gelegen, um nicht tätig werden zu müssen.

Wäre es nicht sinnvoller in der Situation, in der sich Estragon und Wladimir befinden, etwas zu unternehmen, die trostlose, leere Umgebung zu gestalten, um sie wärmer und lebenswerter zu machen?

Der Arzt Rieux in Camus „Die Pest" überwindet die Lethargie und findet zu einer aktiven Lebensbewältigung. Allerdings ist alles um ihn herum verbissen ernst. Natürlich kann man die Pest nicht wegleugnen. Dennoch gibt es auch für die Freude und das Lachen gute Gründe.

Ähnlich ernst wälzt Sisyphus mit männlichem Überwindungswillen seinen Stein nach jedem vergeblichen Versuch erneut nach oben. Camus lässt Sisyphus glücklich sein. Wie aber kann er das, da er doch allein ist und ausschließlich auf sich selbst gestellt? Ihm fehlt der Zuspruch und das Gemeinschaftsgefühl, das allein seine Situation erträglich machen könnte.

Sartre behauptet: „Die Hölle, das sind die anderen." Nun soll nicht abgestritten werden, dass das in vielen Fällen so ist. Gleichzeitig muss jedoch deutlich werden, dass auch gilt: „Das Glück, das sind die anderen." Diese Einsicht zwingt zu einer vorsichtigen und verantwortungsbewussten Gestaltung menschlichen Miteinanders, so dass sich weniger die Hölle, sondern mehr das Glück durchsetzen kann.

Wir sind in diese unsere Welt hinein geboren worden und müssen uns in ihr bewähren. Es hat den Anschein, als wäre uns ein Sinn und ein Ziel nicht unmittelbar vorgegeben. Es gilt vielmehr, dem Leben einen Sinn zu geben. In dieser Beziehung sieht der Existentialismus die Situation richtig. Nur muss man die Konsequenzen, die daraus zu ziehen sind, sorgfältig abwägen. Es führt nicht weit, wenn man seinen Weltekel ausspeit und den Nihilisten spielt, der sich zu nichts aufraffen kann, da ja doch alles sinnlos ist.

An Stelle dessen sollte man überlegen, ob es nicht besser ist, die Ärmel hochzukrempeln, Hand anzulegen und frohen Mutes mitzuhelfen, die Erde zu einem lebenswerteren Ort zu machen.

Auch für groß angelegtes, tragisches Scheitern ist kein Platz. Dafür ist unser Leben im Rahmen des Weltganzen viel zu unbedeutend. Wenn wir ein Ziel nicht erreicht haben, weil wir zu schwach oder die Umstände zu stark waren, so bleibt nur Bedauern. Wir haben uns bemüht. Fast immer gibt es eine zweite Gelegenheit, es das nächste Mal besser zu machen.

Man kann sich entscheiden, nach dem „Löschpapierprinzip" zu leben. So wie das Löschpapier Tinte aufsaugt und zum Verschwinden bringt, kann man durch sein Verhalten dazu beitragen, Böses in der Welt auszulöschen. Kein ewig gültiges Sittengesetz schreibt es vor, keine absolute Weltordnung verlangt das. Auch geht die Welt nicht unter und es droht kein ewiges Strafgericht, wenn wir einmal nicht erfolgreich waren und wir uns nicht so verhalten haben, wie wir es eigentlich sollten und selbst wollten. Ein derartiges Leben ist sinnvoller als jedes andere.

Die hier vertretene Weltanschauung steht in der Tat dem Existentialismus nahe. Ist diese Weltanschauung deswegen veraltet?

Hierzu ist anzumerken, dass das Alter einer Weltanschauung kein brauchbares Kriterium darstellt, um ihren Wert zu beurteilen. Viel wichtiger ist die Frage, ob die Weltanschauung wichtige grundlegende Sachverhalte der realen Welt trifft oder ihnen zumindest nahe kommt. Hier gebührt dem Existentialismus das Verdienst, mutig und ohne Illusionen die Realität so anzuerkennen, wie sie sich unser kritisches Denken erarbeitet hat. Er zeigt allerdings keine positive Handlungsalternative.

4.3.2 Erbauliche Romantik

Der Appell an das Gefühl ist gefährlich. Das Gefühl allein ist kein sicherer Wegweiser. In dieser Beziehung irren alle romantischen Ansätze. Ohne die ständige Kontrolle des kritischen Verstandes kommt man in der Tat sehr leicht zur verführerischen Erbauungsliteratur.

Wer jedoch das Bemühen, rational gerechtfertigte Verhaltensweisen auch emotional zu untermauern, diffamiert, erweist der guten Sache einen schlechten Dienst.

Die moderne Wissenschaft hat uns ein Welt- und Menschenbild geliefert, das erschauern lässt. In den unbegreiflichen, zeitlichen und räumlichen Dimensionen des Universums bewegen wir uns auf einem winzigen Planeten um einen unbedeutenden Stern der Milchstraße, unserer Sonne, im Kreis.

Es ist die Aufgabe der Kultur, dieses Welt- und Menschenbild emotional erträglich zu gestalten. Es muss gelingen, Lebensformen zu finden, die es möglich machen, unserer wahren Situation ohne Illusionen gegenüberzutreten und trotzdem auf unserer Erde Wärme und Geborgenheit zu schaffen.

Zur Zeit scheinen wir davon sehr weit entfernt zu sein. Eine modische Postmoderne gefällt sich in zynischer Skepsis und beschränkt sich weitgehend auf destruktive Kritik. So darf man sich nicht wundern, wenn Rausch, Zerstreuung und Illusionen dem geängstigten, halt- und hilflosen Bewusstsein Ablenkung verschaffen und angebliche Ruhe und Zuflucht vorgaukeln.

Die Ethik muss dem ganzen Menschen gerecht werden, auch seiner Sehnsucht nach Geborgenheit und seinem Wunsch nach Schutz und Sicherheit in einem kalten, an ihm herzlich wenig interessierten Universum. Mit Erbauungsliteratur hat das nichts zu tun.

4.3.3 Atheistischer Nihilismus

Natürlich ist ein Weltbild mit einem gütigen Gottvater, der alles wohlwollend und beschützend in seiner Hand hält und dessen Kinder wir sein dürfen, tröstlich und beruhigend. Seinen Geboten zu gehorchen und seine Gnade anzunehmen, bedeutet, ein sinnvolles Leben zu führen, nach dessen Ende die Wiederauferstehung und ein ewiges Leben verheißen sind.

Wie großartig wäre es, wenn das wahr wäre! Die Ehrlichkeit uns selbst gegenüber und die geistige Aufrichtigkeit verbieten es uns, die konservativen Dogmen und Lehrsätze der christlichen Religion, soweit sie Sachaussagen machen, als wahr anzuerkennen. Sie sind in der bestehenden Form mit rationalem Denken und moderner Wissenschaft nicht vereinbar.

In gleicher Weise sind die religiösen Formen des Ritus und der Gottesdienstgestaltung kaum noch mit einem auf kritischer Erkenntnis aufbauenden Weltverständnis in Einklang zu bringen.

Wenn man die christlichen Konfessionen über ihre Dogmen definiert und an den Aussagen misst, die sie über die Welt und den Menschen machen, dann muss die hier vorgestellte Philosophie tatsächlich als gottloser Nihilismus erscheinen.

Es gibt jedoch auch die Möglichkeit, christlichen Glauben und christliches Zusammengehörigkeitsgefühl nicht an dogmatische Aussagen, sondern an ethische Grundeinstellungen zu binden.

Christ ist demzufolge nicht jemand, der die christlichen Dogmen und Lehrsätze für wahr hält, sondern jemand, der gewisse ethische Grundpositionen teilt. Die liberale Theologie hat in dieser Beziehung herausragende Ergebnisse erzielt, bevor sie von der dialektischen Theologie unglückseligerweise an den Rand gedrängt wurde. Die Vorstellungen von Albert Schweitzer kommen den hier vertretenen Ansichten bereits sehr nahe.

Auf einer immer enger zusammenwachsenden Erde müssen wir auch die anderen Weltreligionen als gleichberechtigt zur Kenntnis nehmen. Die westliche Welt ist nicht mehr das Gravitationszentrum der Erde. Es ist nicht von vornherein so, dass die christlichen Religionen, die aus dem europäischen Erdenwinkel stammen, im Vergleich zu den anderen über die richtigeren oder die tieferen Einsichten verfügen.

In einer sich bereits in Grundzügen abzeichnenden weltweiten Gesamtkultur werden alle großen Religionen ihren Anteil einbringen. Dieser Beitrag wird am fruchtbarsten auf dem Gebiet der Ethik sein.

Der Dalai Lama erzählt die folgende Geschichte:

Ein indischer Handwerker verlässt seine Frau, seine Kinder und seine alltägliche Arbeit, um Gott zu suchen. Nach langen Wanderungen und vielen Irrungen kommt er in einem Wald endlich an eine Hütte mit der Aufschrift „Gott". Er öffnet die Tür und findet in der Hütte seine Familie und seine Werkstatt.

Hierauf lässt sich aufbauen.

In diesem vertieften Sinn nimmt die hier vertretene Ansicht in Anspruch, religiös bzw. christlich zu sein.

4.3.4 Die Unverfügbarkeit des menschlichen Lebens

Den wohl gewichtigsten Einwand gegen die Möglichkeit, sich bewusst für eine bestimmte Lebensform zu entscheiden, liefert die Alltagserfahrung, die besagt, dass die vielseitigen Beschränkungen und Bedingungen, denen ein Mensch unterworfen ist, eine derartige Wahl gar nicht möglich machen.

Ist es nicht naiv, von einem polynesischen Ureinwohner, einem antiken Sklaven oder einem mittelalterlichen Bauern zu verlangen, eine Lebensform unter mehreren auszuwählen und zu seiner eigenen zu machen? Ist es nicht zynisch, einem Industriearbeiter des 19. Jahrhunderts, der um sein Überleben und um das seiner Familie kämpft, anzuraten, Lebenskunst zu betreiben? Ist es nicht unverantwortlich, von einem Menschen mit eingeschränkten geistigen Fähigkeiten oder mit einer aus welchen Gründen auch immer fehlenden Bildung zu fordern, er solle sich frei und unbeeinflusst für eine eigene, existentiell bedeutsame Daseinsweise entscheiden? Ist es nicht inhuman, von einem Menschen, den sein Schicksal in einen totalitären Staat geführt hat, zu erwarten, er müsse seine eigene, gewählte Lebensform gegen die Gewalt und den Zwang der äußeren Umwelt durchsetzen?

Allgemein gesprochen: Ist der Mensch wirklich so frei, sich seine Lebensform selbst nach eigenen Vorstellungen aussuchen zu können? Wird er nicht bestimmt und determiniert auf Grund seiner persönlichen Verfasstheit und auf Grund seiner Prägung durch Kultur und Umwelt? Hier schließt sich die Frage nach den Bedingungen an, unter denen eine Wahl der Lebensform und eine Entscheidung für die verhaltensleitenden Grundsätze überhaupt möglich sind.

Zunächst ist offensichtlich, dass unerfüllte menschliche Grundbedürfnisse eine bewusste Wahl ausschließen. Wer Hunger hat oder unter Angst leidet, wird sich zunächst um die Beseitigung dieses Mangelzustandes bemühen. Die Wahl einer Lebensform ist ihm unter diesen Umständen gleichgültig. Vielleicht gilt hier der Grundsatz „Not kennt kein Gebot!". Erst wenn elementare Grundbedürfnisse erfüllt sind, verfügt man über die Freiheit, sich nach eigenen Lebensvorstellungen zu richten.

Weiterhin ist es offensichtlich, dass jeder Mensch in einen Kulturkreis hineingeboren wird, der bereits bestimmte Lebensformen vorgibt. Ein indischer Kastenangehöriger oder eine arabische Muslima haben kaum Möglichkeiten, den Normen und Vorschriften ihrer gesellschaftlichen Umgebung auszuweichen. Die Freiheit der Lebensgestaltung ist kaum gegeben.

Aus diesen kurzen Überlegungen folgt zweierlei:

Erstens verlangt die Möglichkeit, eine eigene Lebensform zu wählen, bestimmte materielle und geistige Voraussetzungen. Das ist nicht selbstverständlich. Erst die rationale Welterklärung und in ihrem Gefolge die moderne Technologie haben den Menschen von den größten Alltagssorgen befreit und ihm damit die Möglichkeiten zur eigenen Lebensgestaltung eröffnet. Man muss dankbar sein, in einer derartigen Umgebung leben zu dürfen.

Zum Zweiten ist es nur ganz wenigen, großen Persönlichkeiten gegeben, sich gegen die von der Gesellschaft als gültig anerkannten Normen und Verhaltensregeln durchzusetzen. Eine Gesellschaft verteidigt ihre Normen und Verhaltensregeln fast immer mit großer Strenge, wenn es sein muss mit dem Scheiterhaufen. Wer sich eigene, unabhängige Überzeugungen bewahrt, wird oftmals zum Märtyrer. Märtyrer verdienen höchste Bewunderung. Diese Einstellung von allen zu verlangen, erscheint unmenschlich. Hieraus folgt, dass eine eigene Lebensform nur denkbar ist, wenn die allgemein gültigen Wertmaßstäbe der Gesellschaft ihr entsprechen. Daher kann es nur sinnvoll sein, sich zu bemühen, für die eigene Lebensform Anerkennung zu finden. Indoktrination oder Zwang scheiden wohl aus. Es bleibt nur die Möglichkeit der geduldigen Überzeugungsarbeit.

Was folgt aus diesen Überlegungen?

Der Spielraum, der jedem Einzelnen gegeben ist, sein Leben nach einer eigenen Werteordnung und nach eigenen Zielen selbst zu gestalten, ist gering. Mit diesem Wissen ausgestattet kann man versuchen, den Spielraum, so weit es geht, zu nutzen. In allen anderen Fällen muss man sich bescheiden und den Dingen seinen Lauf lassen können. Das hat nichts mit daoistischem Wu wei zu tun, das grundsätzlich jedes Eingreifen in den Lauf der Dinge verbietet. Vielmehr lehrt die Weisheit, sich in vieler Beziehung dem Unabänderlichen und Unausweichlichen zu fügen. Es hat keinen Zweck, an den Ketten, die unauflösbar festbinden, zu zerren und zu ziehen. Vielleicht vermag man hieraus sogar so etwas wie Gelassenheit zu entwickeln? Und wenn die Einschränkungen nicht allzu schmerzhaft sind, kann diese Gelassenheit sogar eine heitere Gelassenheit werden.

Es steckt Wahrheit in dem Gebet, das Friedrich Christoph Oetinger zugeschrieben wird:

Gib mir die Gelassenheit,
Dinge hinzunehmen, die ich nicht ändern kann;
gib mir den Mut,
Dinge zu ändern, die ich ändern kann,
und gib mir die Weisheit,
das eine vom anderen zu unterscheiden!

Die Wiederbelebung der Tugenden

Bei Tugenden handelt es sich um Verhaltensweisen und Werte, die allesamt dazu dienen, ein als sinnvoll oder wertvoll betrachtetes Lebensziel zu erreichen.

Tugenden haben zur Zeit keinen guten Ruf. Sie stehen im Verdacht, das wenige Vergnügen, das dieses Leben bietet, zu vermiesen. Tugendhaft sein bedeutet angeblich Askese, Enthaltsamkeit und Verzicht, oftmals graue und grämliche Freudlosigkeit. Hat Edith Piaf recht, wenn sie sagt:
Tugend ist, wenn man so lebt,
dass es keinen Spaß macht zu leben.

Dazu kommt, dass vorgeblich tugendhafte Menschen oftmals als Heuchler erscheinen, die nach der Einsicht von Bierce leben:
Ein Heuchler ist jemand, der Tugenden zur Schau trägt, die er nicht respektiert, und der sich so den Vorteil verschafft, als das zu erscheinen, was er nicht ist.

Im Gegensatz dazu kann man die Tugenden als Hinweise und Richtlinien sehen, die zu einem reichen und erfüllten Leben im Hier und Jetzt führen. Eine philosophische Betrachtung der Tugenden muss sich mit den folgenden Fragen beschäftigen:

- Bedeutung des Begriffs „Tugend"
  Was versteht man unter Tugend?
  Welche Sachverhalte, Tätigkeiten oder Eigenschaften der realen Lebenswelt werden mit der Tugend in Verbindung gebracht?
  Welche Tugenden gibt es?

- Der ontologische Stellenwert der Tugenden
  Kommt den Tugenden eine eigene, wesenhafte Existenz zu oder sind sie nur allegorisch zu verstehen?
  Falls sie Allegorien sind: Wofür stehen sie und was ist der Gehalt der Allegorie?

- Erkennbarkeit der Tugend
  Wie lassen sich Tugenden erkennen?
  Wie kann man tugendhaftes Verhalten begründen und rechtfertigen?

- Tugenden und Anthropologie
  Sind Tugenden dem Menschen natürlich angeboren und müssen daher nur geweckt und entwickelt werden?
  Sind Tugenden versteckte, von der Kultur aufgestellte Normen, die dazu dienen, Triebverzicht zu rechtfertigen oder Herrschaftsansprüche zu befestigen?

Die Lebenskunst steht zunächst vor der Aufgabe, sich für eine Lebensform zu entscheiden. Hierunter versteht man die freie, existentielle und persönliche Entscheidung, seinem Leben Ziel und Sinn zu geben.

Die gewählte Lebensform enthält ganz allgemeine Vorstellungen von einem erfüllten und sinnvollen Leben. Diese Vorstellungen müssen durch Überlegungen ergänzt werden, die zeigen, auf welche Weise diese Lebensform verwirklicht werden kann und die vorgestellten Ziele erreicht werden können. Es sind die Tugenden, die diese Aufgabe als Richtschnur und Wegweiser übernehmen.

Eine Tugendethik, die ihre Begründung in der Behauptung sieht, die Tugend führe zum Glück, lässt sich trotz berühmter Vertreter nicht halten. So haben zwar z.B. die antike Philosophie, insbesondere Aristoteles und die Stoiker betont, dass die Tugenden und Eudaimonia zusammengehören.

In ähnlicher Weise schreibt auch Heinrich von Kleist in seinem Aufsatz, den sicheren Weg zu Glück zu finden:

Einzig allein nur die Tugend ist die Mutter des Glücks,
und der Beste ist der Glücklichste.

Diese doch recht naive Vorstellung, der Tugendhafte sei auch der Glückliche und umgekehrt der Bösewicht müsse selbstverständlich unglücklich sein, wird durch die Alltagserfahrung vielhundertfach widerlegt. Tugend ist weder Selbstzweck noch ein Rezept, mit dem wir uns vor Unglück, Leid und Not schützen könnten! Man sollte sich an sie halten, damit ein sinnvolles, reiches und erfülltes Leben gelingen kann.

1 Die Tugenden

Um den schillernden Begriff der Tugend genauer zu fassen, ist eine sorgfältige Begriffsanalyse erforderlich. Als Beispiel werden die vier Kardinaltugenden näher betrachtet, die in der europäischen Philosophie eine besondere Rolle spielen.

Tugend ist ein schillernder Begriff, der ganz unterschiedliche Assoziationen weckt. Es ist erforderlich, sich sorgfältig mit seiner Bedeutung zu beschäftigen.

1.1 Die umgangssprachliche Bedeutung

Es ist sinnvoll, bei der Bedeutungsanalyse zunächst von der Umgangssprache auszugehen, um ein erstes Vorverständnis zu gewinnen. Dabei ist es nützlich, auch andere Kulturen mit einzubeziehen, um sich nicht vorschnell auf das Allzubekannte einzugrenzen.

Bevor man sich an eine Definition des Begriffs heranwagt, ist es sinnvoll zu untersuchen, wen oder was die Umgangssprache mit dem Wort „Tugend" bezeichnet. Hierbei ist es auch nützlich, einen Blick auf andere Kulturen zu werfen. Auf diese Weise könnte es gelingen, das Allgemeine, nicht Kulturspezifische des Begriffs Tugend aufscheinen zu lassen.

In der abendländischen Geisteswelt haben sich sieben Tugenden als besonders bedeutsam erwiesen. Es sind dies die vier weltlichen Kardinaltugenden Weisheit, Mäßigkeit, Tapferkeit und Gerechtigkeit. Dazu kommen die drei christlichen Tugenden Glaube, Hoffnung und Liebe. Weiterhin kann man bürgerliche, ritterliche und weibliche Tugenden benennen. Tugenden in anderen Kulturkreisen sind z.B. die Tugenden der Samurai oder die buddhistischen Tugenden.

- Die vier weltlichen Kardinaltugenden
  Auf Platon gehen die vier Kardinaltugenden zurück. Sie wurden für die gesamte europäische Kultur maßgebend. Aristoteles und die griechische Stoa haben sie weiterentwickelt, von Cicero und Seneca sind sie in die römische Stoa übernommen worden und haben mit Thomas von Aquin den Weg in die christliche Philosophie gefunden. Es sind dies:
  Weisheit (lat. sapientia)
  Mäßigkeit (lat. temperantia)
  Tapferkeit (lat. fortitudo)
  Gerechtigkeit (lat. iustitia)
  Kardinaltugenden heißen sie, weil sie beanspruchen, ganz grundsätzlich Verhaltensvorschriften für die wichtigsten Lebensbereiche zu enthalten. Alle anderen Tugenden sind Teil- oder Untertugenden, die nur genauer angeben, was mit den Kardinaltugenden gemeint ist.

Die Weisheit bestimmt die Sicht des Menschen auf die Welt und seine Stellung darin. Die Mäßigkeit bewirkt, dass die natürliche Ordnung der Dinge nicht überschritten wird.

Die Tapferkeit umfasst die Fähigkeit, die eigenen, als richtig erkannten Werte auch gegen äußere Widerstände durchzusetzen.

Die Gerechtigkeit ist die Grundlage der zwischenmenschlichen Beziehungen.

- Die drei christlichen Kardinaltugenden
  Christliche Tugenden findet man im ersten Brief an die Korinther des Apostels Paulus (1. Korinther 13,13). Sie werden u. a. durch Thomas von Aquin besonders in den Vordergrund gestellt. Es sind:
  Glaube (lat. fides)
  Hoffnung (lat. spes)
  Liebe (lat. caritas).
  Die christlichen Tugenden waren und sind nicht immer Wegweiser auf ein erfülltes Leben im Diesseits. Sie zeigen oftmals Verhaltensweisen an, die sich bevorzugt auf das Jenseits konzentrieren, die auf ein gottgefälliges Leben zielen und letztendlich die Erlösung anstreben. Auch sie sind Kardinaltugenden, da sie in ihrer Gesamtheit die Grundsätze einer christlichen Lebensführung umfassen.

- Die bürgerlichen Tugenden
  Hierzu zählen insbesondere:
  Ordnungsliebe
  Sparsamkeit
  Fleiß
  Pünktlichkeit
  Die bürgerlichen Tugenden sind auf die praktische Bewältigung des Alltags gerichtet. Sie bilden das pragmatische Gegengewicht zu den anderen, oft an Idealen orientierten Tugenden.

- Ritterliche Tugenden
  Hierzu zählen insbesondere:
  Selbstbewusstsein und Selbstwertgefühl
  Fürsorgepflicht den Schwachen gegenüber
  Aufrichtigkeit und Ehrlichkeit
  Verlässlichkeit
  Standhaftigkeit
  Selbstbewusstsein und Selbstwertgefühl sind wohl die wichtigsten Eigenschaften, die eine ritterliche Persönlichkeit auszeichnen. Nur

das ruhige und maßvolle Gefühl des eigenen Wertes befähigt zu den anderen Tugenden.

- Weibliche Tugenden
Hierzu zählen insbesondere:
Häuslichkeit
Sparsamkeit
Eheliche Treue
Hinter diesen Tugenden erscheint ein ideales Frauenbild, das sich so oder in ähnlicher Weise in vielen anderen Kulturen findet.

- Die Tugenden der Samurai
Bushidō, der Weg des Kriegers, bezeichnet den Verhaltenskodex und die Philosophie der Samurai, des japanischen Militäradels im späten japanischen Mittelalter. Hierzu gehören die folgenden sieben Tugenden:
Gi: In schwierigen Situationen die richtige und ehrenvolle Entscheidung zu treffen.
Yu: Mut
Jin: Wohlwollen gegenüber allen Menschen
Rei: Respekt
Makoto: Vollkommene Aufrichtigkeit
Meiyo: Ehre
Chūgi: Treue
In [5] wird Bushidō wie folgt beschrieben:
Bushidō ist der Kodex der moralischen Grundsätze, die die Ritter beachten sollen. Es ist ein Kodex, der wahrhafte Taten heilig spricht, ein Gesetz, das im Herzen geschrieben steht. Bushidō gründet sich nicht auf die schöpferische Tätigkeit eines fähigen Gehirnes oder auf das Leben einer berühmten Person. Es ist vielmehr das Produkt organischen Wachsens in Jahrhunderten militärischer Entwicklung.

- Die fünf Tugendregeln im Buddhismus
Sila bezeichnet in Sanskrit die Tugend. Die Fünf Silas sind die Tugendregeln des Buddhismus:
Kein Lebewesen töten oder verletzen.
Nichts nehmen, was nicht freiwillig gegeben wird.
Sich keinen anstößigen sexuellen Freuden hingeben.
Nicht lügen und nur wohlwollend sprechen.
Keine berauschenden Substanzen konsumieren, die den Geist verwirren und das Bewusstsein trüben.

Die Fünf Silas zählen zum Kerngut der buddhistischen Lehre, die sich ansonsten in einer bunten Vielfalt unterschiedlichster Ausprägungen manifestiert. Es wird betont, dass es sich bei den Fünf Silas nicht um Gebote bzw. Verbote im Sinne eines Gesetzes, sondern um sittliche Orientierungspunkte handelt, mit denen sich die Übenden täglich von Augenblick zu Augenblick und ein ganzes Leben lang auseinandersetzen. Eine buddhistische Denktradition, die nicht auf den Fünf Silas ruht, kann nicht von sich behaupten, die Lehre Buddhas zum Ausdruck zu bringen.

- Eine Tugendliste
  Wenn man müßig ist und viel Zeit hat, kann man eine Tugendliste zusammenstellen und alphabetisch ordnen. Eine Übersicht findet man in [6]. Man käme dann z.B. zu dem folgenden Ergebnis: Achtsamkeit, Anständigkeit, Aufmerksamkeit, Aufrichtigkeit, Ausdauer, Barmherzigkeit, Bescheidenheit, Besonnenheit, Beständigkeit, Dankbarkeit, Demut, Dienstbereitschaft, Disziplin, Duldsamkeit, Echtheit, Ehrsamkeit, Ehrlichkeit, Entschlossenheit, Fairness, Fleiß, Flexibilität, Gelassenheit, Gerechtigkeit, Gewissenhaftigkeit, Glaube, Großmut, Güte, Hingabe, Höflichkeit, Hoffnung, Kameradschaft, Keuschheit, Klugheit, Lebendigkeit, Loyalität, Mäßigkeit, Menschlichkeit, Mitgefühl, Mitleid, Mut, Nächstenliebe, Objektivität, Offenheit, Opferbereitschaft, Ordnungsliebe, Pünktlichkeit, Rechtschaffenheit, Reinheit, Reinlichkeit, Ritterlichkeit, Ruhe, Sachlichkeit, Sauberkeit, Selbstbeherrschung, Selbstlosigkeit, Sparsamkeit, Solidarität, Standhaftigkeit, Takt, Tapferkeit, Tatkraft, Toleranz, Treue, Vernunft, Verschwiegenheit, Vertrauen, Wahrhaftigkeit, Wärme, Weisheit, Zuverlässigkeit.

1.2 Der Begriff Tugend

Der Begriff der Tugend kann auf unterschiedliche Weise analysiert werden. Das Ergebnis hängt von der zu Grunde liegenden Weltanschauung ab. Einmal gibt es eine eher metaphorisch zu verstehende personale Bedeutung. Weiterhin hat die Wertethik großen Einfluss gewonnen, die den Tugenden ein Ansichsein zuweist. Im vorliegenden Zusammenhang wird eine teleologische Bedeutung vorgeschlagen. Als tugendhaft werden Handlungen und Einstellungen bezeichnet, die auf ein erstrebenswertes Lebensziel ausgerichtet sind.

Die Beschäftigung mit der Vielfalt der Tugenden macht ein erstes Vorverständnis möglich.

Bei Tugenden handelt es sich um Verhaltensweisen und Werte, die allesamt dazu dienen, ein als sinnvoll oder wertvoll betrachtetes Lebensziel zu erreichen. Die Diskussion um die Tugenden steht daher vor drei Aufgaben, die zugleich die grundsätzlichen Aufgaben einer jeglichen Ethik sind.

- Zuerst muss das Lebensziel definiert und beschrieben werden. Was soll wirklich und was genau erstrebt werden? Falls ein erfülltes und glückliches Leben als Zielzustand in Betracht gezogen wird, muss verdeutlicht werden, was darunter zu verstehen ist.
- Als nächstes muss bestimmt und gerechtfertigt werden, warum ein spezielles Lebensziel sinnvoll oder wertvoll ist und anderen Lebenszielen vorgezogen werden soll. Geht es eher um ein erfülltes Leben im Diesseits oder steht ein Leben im Vordergrund, das Erlösung im Jenseits möglich macht? Ist das Leben eines ehrsamen Bürgers erstrebenswerter als das Leben eines Ritters oder Abenteurers? Gilt das Erreichen des Nirwana als das, was einem Leben Sinn und Ziel gibt?
- Erst wenn das Lebensziel begründet ist, kommen die Tugenden ins Spiel. Ihre Aufgabe ist es, einen Weg zu bestimmen, der auf das erwählte Ziel hinführt. So wird zu prüfen sein, ob z.B. die vier weltlichen Kardinaltugenden wirklich zu einem erfüllten Leben führen. Sind sie tatsächlich zuverlässige Wegweiser oder führen sie in die Irre? Gibt es unter Umständen andere und bessere Wegweiser?

Eine philosophische Untersuchung der Tugend muss sich mit der Frage nach der ontologischen Bestimmung der Tugenden befassen. Was ist eigentlich eine Tugend? Hat sie eine eigene, von anderen Dingen unabhängige Realität? Ist diese Realität personal oder ideal? Oder ist Tugend nur allegorisch oder symbolisch zu verstehen? Und wenn das so ist, wofür steht dann die Tugend?

Weiterhin ist Tugend als Aufforderung zu ethischem Verhalten immer auch in eine ethische Theorie eingebunden. Geht es bei Tugenden um Handlungen, um Regeln oder um Werte? Oder liegt eine teleologische Auffassung zu Grunde?

1.2.1 Die personale Tugend

In der Vergangenheit hat man sich oft vorgestellt, dass eine Tugend eine eigene, personale Identität besitzt. Als Beispiel wird die Tugend der Weisheit herangezogen.

 In der griechischen Mythologie ist Athene die Göttin der Weisheit. Sie agiert durchaus real und wirkt auf die tatsächliche Welt ein. Man schätzt sie wegen ihres klugen Rats, ihres besonnenen Verhaltens und ihres abgewogenen Urteils. Eine attische Münze zeigt auf der Vorderseite Athene und auf der Rückseite eine Eule als Symbol der Weisheit.

In der jüdischen Gedankenwelt versteht man unter der späten Weisheit das Erkenntnisstreben, das auf die Wirklichkeit als Ganzes zielt. Lebensbewältigung und die Frage nach dem Sinn treten in den Vordergrund. In der Zeit nach dem babylonischen Exil hatte diese Form der Weisheit eine Blütezeit.

Die Weisheit wird im Alten Testament durchaus personal verstanden. Gott hat sie bei der Schöpfung als eine Realität eigener Art geschaffen und in die Welt gesandt, damit sie den Menschen anrede. Wie eine selbständige Person tritt sie auf den belebten Plätzen der Städte an den Menschen heran, um ihn mit ihrem Angebot zu umwerben. So liest man z.B. in Sprüche 8, Vers 1-5:

Hört, die Weisheit ruft,
die Einsicht erhebt ihre Stimme!
Am Aufstieg zu den Höhen, an der Straße,
an der Kreuzung der Wege tritt sie auf.
Auch bei den Toren, wo die Stadt beginnt,
am Eingang durch die Pforten ruft sie laut:
„An euch, ihr Leute, ergeht mein Ruf,
und meine Stimme an die Menschenkinder.
Begreift die Weisheit, all ihr Einsichtslosen,
ihr Toren, richtet euer Herz zurecht...

In Sprüche 8, Vers 22- 23 liest man:
Mich schuf Jahwe als Erstling seines Wirkens
Vor seinen Werken in der grauen Urzeit.
In fernster Zeit bin ich gebildet worden,
im Anfang vor dem Beginn der Erde...

Etwas später liest man in Sprüche 8, Vers 29-31:
...
als er dem Meere seine Grenzen setzte,
die Wasser sein Gebot nicht überschritten,

als er der Erde Fundamente legte,
da stand ich als Beraterin an seiner Seite.
Und ich war seine Wonne Tag für Tag,
indem ich vor ihm spielte allezeit;
und ich spielte auf dem Umkreis seiner Erde,
und meine Wonne sind seine Menschenkinder.

Nun wird niemand heutzutage die Tugend noch personal verstehen wollen. Diese Auffassung hat wohl nur kulturhistorisches Interesse und gehört in eine frühe Zeit, in der man sich abstrakte Begriffe nur personal vorstellen konnte.

1.2.2 Die Tugend in der Werteethik

Die Werteethik geht davon aus, dass es Werte wie z.B. die Tugenden real gibt. Sie werden jedoch nicht personal, sondern ideell verstanden. Beispiele sind die Ideen in der Ideenwelt Platons (um 429 – um 348) oder in der materialen Werteethik von Nikolai Hartmann (1882 – 1950). Hier haben die Tugenden eine eigene Seinsweise; insbesondere sind sie nicht abgeleitet. Sie sind an sich wertvoll und tragen einen eigenen Aufforderungscharakter, der nicht weiter begründet werden kann. Insbesondere beziehen sich in dieser Sichtweise die Tugenden nicht auf Handlungen oder Gebote. Außerdem spielen die Konsequenzen, zu denen tugendhaftes Verhalten führt, keine Rolle. Der Wert liegt in ihnen selbst.

So ist z.B. die Weisheit ein Wert an sich. Eine weise Handlung, die auf eine Konsequenz zielt, hat dementsprechend keine eigene Bedeutung; sie ist abgeleitet und dient nur zur Verwirklichung der Idee der Weisheit.

Weise handeln bedeutet, das Ideal der Weisheit zu erkennen und in dieser Welt zu verwirklichen. Insbesondere darf das Ziel einer Handlung nicht zur Definition der Weisheit herangezogen werden. Ebenso gibt es keine weisen Gebote oder Gesetze an sich. Auch sie sind wie weise Handlungen nur abgeleitet.

Es stellt sich jedoch heraus, dass es schwierig ist, die idealen Werte zu erkennen. Woher stammt das Wissen über die Werte? Wer sagt, was eine Tugend ist und was nicht? Woran erkennt man z.B., dass Weisheit eine Tugend ist? Bei Pascal wird ein eigenes Organ postuliert, das intuitiv den Wert wahrnimmt. Auch das Gewissen soll einen direkten Zugang zu den Werten haben und als Richter zwischen Wert und Unwert, zwischen Tugend und Untugend entscheiden können.

Da eine Zweiteilung der Welt in eine reale und eine ideale Welt nicht überzeugen kann, und außerdem die Erkenntnis der Werte Schwierigkeiten bereitet, spricht wenig für das Ansichsein der Tugenden.

1.2.3 Die abgeleitete Tugend

Man kann davon ausgehen, dass es die Tugend an sich nicht gibt. Was aber ist sie dann? Wenn z.B. die Weisheit an sich nirgends gefunden werden kann, was soll man dann mit ihr anfangen? Wen oder was bezeichnet dann das Wort „Weisheit"?

Um diese Frage zu klären, ist ein kurzer Abstecher in die Sprachphilosophie erforderlich. Das Denken verfügt über die großartige, jedoch auch äußerst gefährliche Möglichkeit, Begriffe zu bilden, denen nichts Reales entspricht. Die Begriffe täuschen dann nur eine Wirklichkeit vor, die nicht existiert. Man spricht in diesem Fall von Begriffsrealismus. Derartige Begriffe ohne reale Entsprechung können von der Sprache auch für andere Funktionen verwendet werden. Es kann sich dann um Abkürzungen handeln, die die Kommunikation im Alltagsgebrauch erleichtern oder beschleunigen. Ein derartiger Begriff kann z.B. allegorisch oder symbolisch gemeint sein. Sprachliche Äußerungen, die einen solchen Begriff enthalten, müssen zunächst analysiert und dann übersetzt werden.

Ganz stark vereinfacht soll diese Grundidee an einem Beispiel verdeutlicht werden. Man betrachte den folgenden Satz:
Weisheit führt zu einem erfüllten Leben.

Die Weisheit an sich besitzt keine eigenständige Wirklichkeit, die irgendwohin führen könnte. Eine mögliche Übersetzung würde lauten:
Ein weiser Mann wird ein Leben führen, das ihm Erfüllung ermöglicht.

Die Aussagen beziehen sich in diesem Fall nicht auf eine metaphysische Wesenheit, sondern auf tatsächliche Eigenschaften von Menschen. Der Begriff der Weisheit wird auf die Eigenschaft, weise zu sein zurückgeführt, die realen Menschen zugeordnet werden kann.

1.2.4 Die teleologisch orientierte Tugendlehre

Wie bereits dargestellt sind es die Tugenden, die als Hinweise und Wegweiser zeigen, auf welche Weise man dem angestrebten Lebensziel näher kommen kann.

Das bedeutet, dass bei der Frage, wie das Lebensziel erreicht werden kann, Erfahrung und Weltkenntnis erforderlich sind. Man muss etwas über die Welt, das Leben und die Menschennatur wissen um herauszufinden, welche Eigenschaften ein sinnvolles und erfülltes Leben ermöglichen. Es stellt sich heraus, dass hier die vier Kardinaltugenden Weisheit, Gerechtigkeit, Tapferkeit und Mäßigkeit von grundsätzlicher Bedeutung sind.

Bei der Beschreibung der Tugenden kann man ausschließlich deskriptiv vorgehen. In den Tugenden steckt kein normativer Anteil.

Grundlage der Lebenskunst ist die freie, persönliche Entscheidung für eine bestimmte Lebensform. Kein strenges Sittengesetz und kein kategorischer Imperativ fordern Befolgung, kein Vatergott verlangt Gehorsam und droht bei Übertretungen mit Höllenstrafen. Auch kein ewiger Wert erwartet Verwirklichung.

Eine teleologisch orientierte Tugendlehre kann daher auch in einer metaphysikfreien und gottfernen Umgebung Anerkennung finden. Befreit von dem Makel der grauen Freudlosigkeit und des bitteren Verzichts und unabhängig von den sittenstrengen Forderungen eines einschränkenden Über-Ichs kann sie die Grundlage für ein sinnvolles und erfülltes Leben bieten. Damit ist sie auch in der gegenwärtigen, säkularen Zeit glaubwürdig. Ihre Wiederbelebung scheint möglich, aber auch erforderlich zu sein.

1.2.5 Die vier weltlichen Kardinaltugenden

In der mittelalterlichen Handschrift des Jean Courtecuisse, die sich in der Sächsischen Landesbibliothek in Dresden befindet, sieht man die vier weltlichen Kardinaltugenden als personale Wesenheiten. Man sieht die Weisheit, die Gerechtigkeit, die Tapferkeit und die Mäßigkeit.

Oben links sieht man die Weisheit mit den Symbolen Spiegel, Sieb, Sarg und mit einem offenen Sack, aus dem Geldstücke fallen. Das am häufigsten verwendete Symbol ist der Spiegel, in dem die Wirklichkeit rein, klar und unverzerrt erkennbar wird.

Oben rechts sitzt die Gerechtigkeit mit Waage und Schwert. Die Waage deutet auf das sorgsame Abwägen unterschiedlicher Interessen und das Zuteilen dessen, was einem jeden zusteht. Das Schwert macht deutlich, dass Gerechtigkeit der Macht bedarf, um sich durchsetzen zu können.

Unten links würgt die Tapferkeit einen Drachen, den sie aus einem Turm zieht. Es bedarf der Tapferkeit, um das Böse dingfest zu machen und zu bekämpfen.

Die Mäßigkeit unten rechts trägt Zügel im Mund, durch die sie in Zaum gehalten wird, und die verhindern, dass ihr Temperament mir ihr durchgeht.

Nun ist offenkundig, dass Tugenden keine Frauen sind. Man muss die Darstellungen vielmehr allegorisch verstehen. Es war bereits deutlich geworden, dass den Tugenden auch keine eigene Seinsweise zukommt. Vielmehr stehen die Tugenden als Bezeichnung für Wege, die auf ein erwähltes Lebensziel zuführen.

Auch für die vier weltlichen Kardinaltugenden gilt, was für die Tugenden im Allgemeinen gesagt wurde:

Man muss prüfen, inwieweit die vier weltlichen Kardinaltugenden wirklich hilfreich zur Verwirklichung eines erfüllten Lebens sind.

Warum soll man z.B. nach Weisheit streben? Ist nicht „holdes Bescheiden" und die Beschränkung auf ein wenig Alltagsklugheit ausreichend? Gilt nicht der Spruch aus dem Prediger Salomo (Prediger 1, Vers 12. 16):

Ich, der Prediger, bin König gewesen über Israel in Jerusalem. Ich verlegte mich darauf, die Weisheit zu erforschen und zu grübeln über alles, was geschieht unter der Sonne. Es ist das eine schlimme Plage, die Gott den Menschen gab, sich damit zu mühen. Ich besah mir alle Werke, die unter der Sonne geschehen, und siehe, alles ist Wahn und ein Jagen nach Wind. Krummes kann nicht gerade werden, und Fehlendes nicht gezählt werden.

Warum soll man gerecht sein? Ist es nicht besser, sich darum zu kümmern, dass man selbst auf seine Kosten kommt und nicht unter die Räder gerät? Ist nicht der Gerechte oftmals der Dumme, dem die anderen die Butter vom Brot nehmen?

Warum soll man tapfer sein? Ist es nicht besser, sich den Umständen anzupassen und sich lieber zu verstecken als den Helden zu spielen?

Ein Sturm wird eine Eiche entwurzeln; ein biegsames Rohr wird dem Sturm keinen Widerstand entgegensetzen und davonkommen. Lieber einmal feige als immer tot.

Warum soll man Mäßigkeit üben? Ist es nicht besser, gelegentlich kräftig über die Stränge zu schlagen, statt in spießbürgerlicher und verklemmter Tugendhaftigkeit das auszuschlagen, was das Leben an Genüssen zu bieten hat?

2 Die Weisheit

Die Beschäftigung mit den vier weltlichen Kardinaltugenden steht vor der Aufgabe, einmal anzugeben, was genau man darunter verstehen will. Das vage Gefühl, dass es sich da wohl um etwas Wertvolles und Erstrebenswertes handeln müsse, ist nicht ausreichend. Es ist der Anspruch zu prüfen, inwieweit diese Tugenden tatsächlich den Weg zu einem erfüllten Leben weisen und dafür sogar grundlegend sind, damit sie mit Recht „Kardinaltugenden" genannt werden können.

Auf der Stirnwand des Beratungssaals im Rathaus von Siena hat Ambrogio Lorenzetti die Tugenden abgebildet. Das Fresko soll die Ratsherren immer an ihre Pflichten erinnern. Besondere Bedeutung kommt der Weisheit zu. Sie sitzt zur Rechten des guten Regenten. Sie deutet auf eine Scheibe, auf der zu lesen ist: *preterium, presens, futurum*, Vergangenheit, Gegenwart, Zukunft.

Um den möglichen Gefahren eines Begriffsrealismus zu entgehen, soll nicht im sokratischen Sinn nach dem Wesen der Weisheit gefragt werden. Vielmehr soll untersucht werden, unter welchen Umständen ein Mensch weise genannt werden kann. Welche Eigenschaften wird man einem weisen Menschen zuordnen, welche innere Einstellung sollte man bei ihm vorfinden, welchen Regeln, Richtlinien oder Geboten wird er folgen und welche Tätigkeiten oder Handlungen kann man von ihm erwarten?

2.1 Die Begriffsbestimmung

„Weise" ist ein Begriff mit einer weit gefächerten Bedeutung. Von einem Menschen, den man weise nennen kann, verlangt man eine umfassende Weltanschauung, in der Weltwissen, Ich-Erfahrung und Transzendenzbewusstsein zu einer Einheit verbunden sind. Voraussetzung hierfür ist sicherlich Lebenserfahrung, die weiß, wie es in dieser Welt zugeht. Hieraus folgt ein Abstand zu den Dingen, der innere Ruhe und Gelassenheit bewirkt.

Zunächst muss man feststellen, dass eine genaue Definition des Begriffs „weise" nicht möglich ist. Es handelt sich um einen eher unscharfen Begriff, der ähnlich wie der Begriff „grün" einen weiten Geltungsbereich mit unscharfen Rändern besitzt, vielfältige Nuancen zulässt und sich an den Rändern in andere Begriffe hineinschiebt. Trotzdem lassen sich einige grundlegende Charakteristika angeben, die mit „weise" in Verbindung stehen. Hierzu könnten wohl zunächst die folgenden drei gehören:

Stimmige Weltanschauung
Lebenserfahrung
Innere Ruhe und Gelassenheit

2.1.1 Die geschlossene Weltanschauung

Eine geschlossene, stimmige Weltanschauung besteht nicht nur aus aufgesammeltem Faktenwissen. Vielmehr ist sie das, was Karl Jaspers mit Weltwissen, Ich-Erfahrung und Transzendenzbewusstsein bezeichnet. Dazu kommt das Wissen um die Möglichkeiten, aber auch um die Grenzen menschlicher Erkenntnis.
Zu Weltwissen gehört, dass man sich in der Welt auskennt und die wichtigsten Erkenntnisse der Wissenschaft übersieht. Dummheit und Oberflächlichkeit schließen wohl Weisheit aus.
Die Ich-Erfahrung umfasst eine begründete Einstellung zur eigenen Position im Weltganzen. Sie berührt das Leben und den Tod. Hier geht es um Einsichten, um die sich z.B. die philosophische Anthropologie bemüht. Einen Menschen, dessen Selbstverständnis sich ausschließlich auf die Höhe seine Einkommens oder auf die Größe seines Autos gründet, und der in seinen Alltagsgeschäften aufgeht, wird man nicht weise nennen wollen.

Transzendenzbewusstsein meint die Einsicht, dass es Bereiche gibt, die menschliches Denken nicht zu erhellen vermag. Hierzu gehören Fragen z.B. nach der Unendlichkeit von Zeit und Raum, nach der Begründung von Sein an sich oder nach dem Anfang und dem Ende des Kosmos. Ein naiver Realist, der glaubt, dass die Welt so ist, wie sie ihm erscheint, und den keine Fragen darüber hinaus beunruhigen, wird nicht weise sein.

2.1.2 Die Lebenserfahrung

Bei einem weisen Menschen wird man auch Lebenserfahrung vorfinden. Er wird die Höhen und Tiefen des menschlichen Daseins selbst erlebt und in sein Welt- und Selbstverständnis eingeordnet haben. Niederlagen oder Erfolge werden ihm nicht fremd sein. Er kennt Trauer und Freude so gut wie erfüllte Hoffnungen und Enttäuschungen. Er weiß um das Böse und Gemeine in der Welt so gut wie um das Gute und Schöne. Vielleicht kann man zusammenfassend sagen: Nichts Menschliches ist ihm fremd. Ein unbedarftes „Hascherl" oder einen vorlauten „Grünschnabel" wird niemand weise nennen. Desgleichen mag jemand, der zwar über Weltwissen verfügt, dem aber die Lebenserfahrung fehlt, gelehrt sein. Weise ist er wohl ebenfalls nicht.

2.1.3 Die innere Ruhe und Gelassenheit

Innere Ruhe und Gelassenheit sind ein hohes Gut. Auf Erden wird es wohl nie gelingen, beide uneingeschränkt und vollständig zu erreichen. Zu schwer ist es, immer alle inneren Spannungen auszugleichen, sich nicht an den äußeren Umständen zu stoßen oder die eigenen Wünsche, Bedürfnisse und Ziele einzugrenzen.

Zur inneren Ruhe und zur Gelassenheit gehört auch, dass man einzusehen gelernt hat, dass man nicht alles ändern kann. Vielem muss man seinen Lauf lassen. Der eigene Lebensbereich und die Möglichkeiten der eigenen Einflussnahme sind sehr begrenzt. Wer weise ist, wird sich darauf beschränken, den engen Lebensraum, in dem er sich bewegt, zu erhellen und zu beleben. Die Beglückung der ganzen Welt gehört nicht zu seinen erklärten Zielen.

Auch die Vielen, die hektisch nach Abwechslung und Vergnügen suchen, sich im Karrierestreben aufreiben oder die eigene innere Leere durch Betriebsamkeit ausfüllen, sind nicht weise.

2.2 Die Weisheit in anderen Kulturen

Überlegungen zur Weisheit sind nicht vollständig, wenn sie nicht auch andere Kulturen betrachten. Es gibt neben der wirtschaftlichen Globalisierung auch so etwas wie eine kulturelle oder geistige Globalisierung, die die geistigen Leistungen anderer Kulturen ernst nimmt und bereit ist, sich mit ihnen auseinanderzusetzen.

Ein Vergleich der Bedeutung von Weisheit in anderen Kulturen macht die vielleicht ansonsten unbemerkt gebliebene Relativität der eigenen Betrachtungsweise offensichtlich. Einige kurze Andeutungen dazu sollen anregen, sich mit diesen Anschauungen zu beschäftigen.

2.2.1 Der buddhistische Weise

Im Buddhismus bedeutet Weisheit die Erfahrung von Sunyata, das heißt des Gewahrwerdens der Leere. Dieses Gewahrwerden führt zur Erlösung und zur Befreiung aus Sansara, der immer wiederkehrenden Geburt. Nur Askese und mönchisches Leben machen diese Einsicht und diese Erfahrung möglich. Glasenapp [7] beschreibt Sunyata auf diese Weise:

Alles, was vergänglich ist und in Abhängigkeit von etwas Anderem entsteht oder besteht, hat keine wahre Realität, sondern nur die eines schnell vergehenden Traumes. Wirklich ist nur, was weder entsteht noch vergeht und weder räumlich noch zeitlich, weder begrifflich noch kausal begrenzt ist. Das ist die Leere (Sunyata), in der alles Wandelhafte in anfangsloser Kette bedingt gleich einem Zauberspruch auftritt und wieder verschwindet. Das Leere ist also ein relatives Nichts, der unergründliche Abgrund, über dem alles steht, nicht eine letzte Ursubstanz, aus welcher sich alles entwickelt hat.

Nur die Leere ist wirklich. Alles, was uns dagegen wirklich und real erscheint, ist Täuschung. Auch das Ich hat keine reale Existenz.

Das eigene Ich ist nicht etwas; es ist aber auch nicht nichts. Es ist einfach, unbegreiflich, unbeschreiblich. Ich bin, der ich bin, nicht weil ich ein wirkliches Selbst besitze, das im Kern meines Seins ruht, sondern wegen der Matrix von Bedingungen, die unvorhersehbar und unwiederholbar sind und die mich geformt haben.

In der Herz-Sutra werden dem Buddha die folgenden Worte in den Mund gelegt:

Der höchste Avalo-kiteshvara, der Bodhi-sattva, das große We-sen antwortete dem verehrten Shariputra wie folgt:

„Shariputra, wenn ein Sohn oder eine Toch-ter aus gutem Haus wünschen, sich in der tiefen und vollkom-menen Weisheit zu üben, sollen sie be-achten: ... Form ist leer; Leere ist Form. Leere ist nichts An-deres als Form; Form ist also nichts An-deres als Leere."

Ihr Freunde, die ihr meinem Weg folgen wollt: Erlaubt nicht eurem Geist ziellos herumzuwandern. Seid beständig achtsam auf eure Gedanken und versucht immer auf dem direkten Pfad zur Erleuchtung zu bleiben.

Dem Weisen gelingt es, sich in der Meditation und in der mystischen Ver-senkung den Sinn und die Bedeutung der oben zitierten Aussagen aus der Herz-Sutra in seinem Inneren zu vergegenwärtigen. Durch dieses Innewer-den dessen, dass nur die Leere wirklich ist, kann er sich von den Täuschungen, die die Scheinwelt ihm vorspiegelt, befreien und zur Erlösung gelangen.

Hierzu muss er sich von den Illusionen der Wandelwelt vollkommen lösen und den Blick nur nach innen richten. Jegliche Ablenkung der täuschenden Außenwelt führt in die Irre.

Das vorstehende Bild könnte dazu dienen, das Ideal eines buddhistischen Weisen anschaulich zu machen. Die kurzen Verse stammen aus dem Lied von den östlichen Schneebergen von Gendun Drup.

Der Unterschied zwischen der buddhistischen Weisheit und einer Auf-fassung von Weisheit, wie sie an dieser Stelle vorgetragen wurde, ist offensichtlich.

Die zu Grunde liegende Weltanschauung ist vollkommen anders. Welt-wissen wird vom buddhistischen Weisen als unsinnig angesehen, da alles nur Täuschung ist und unerkennbar bleibt. Icherfahrung existiert nicht, da es kein Ich gibt. Transzendenzbewusstsein reduziert sich auf das innere Erleben der Leere.

Lebenserfahrung ist nutzlos. Sie lenkt nur von dem ab, was allein zur Erlösung führen kann.

Selbst innere Ruhe und Gelassenheit bedeuten im Buddhismus etwas anderes. Ruhe und Gelassenheit des buddhistischen Weisen kommen aus einer vollständigen Verleugnung der Welt, die jedes Engagement in die Belange der Welt verbietet. Nicht über den Dingen zu stehen, macht innere Ruhe und Gelassenheit möglich, sondern nur der gänzliche Verzicht auf ein Sicheinlassen auf die Dinge der Welt. Weltverzicht und nicht Weltbewältigung führen zur Weisheit.

2.5.2 Die Weisheit des Taoismus

Der Taoismus ist eine Weltanschauung, die zwischen Philosophie und Religion steht. Als Gründungsschrift des Taoismus gilt das Taoteking, das dem legendären Weisen Laotse zugeschrieben wird.

Bert Brecht fasst die taoistische Überlieferung in das berühmte Gedicht *Legende von der Entstehung des Buches Taoteking auf dem Weg des Laotse in die Emigration.* Es beschreibt, wie ein Grenzposten Laotse dazu bringt, seine Lebensphilosophie und seine Lehre vom Leben des Weisen aufzuschreiben und somit der Nachwelt zu überliefern. Das Gedicht beginnt wie folgt:

Als er Siebzig war und war gebrechlich
Drängte es den Lehrer doch nach Ruh
Denn die Güte war im Lande wieder einmal schwächlich
Und die Bosheit nahm an Kräften wieder einmal zu.
Und er gürtete die Schuh.

Beim Übergang über die Grenze wird Laotse aufgehalten. Der Grenzbeamte nötigt ihn, seine Lehre aufzuschreiben. Dem Zöllner also ist es zu verdanken, dass die Welt die Einsichten um das Tao in Besitz nehmen konnte. Das Gedicht Brechts endet mit den folgenden beiden Zeilen:

Darum sei der Zöllner auch bedankt:
Er hat sie ihm abverlangt.

Grundlage des Taoismus ist das Tao. Es ist das Prinzip, das allem als kosmisches Gesetz zu Grunde liegt. Es ist begrifflich nicht zu fassen, da es die Ursache alles Seins ist und somit jenseits des Seins steht. Aus dem Tao entstehen Yin und Yang, Licht und Schatten, aus deren Wandlungen, Bewegungen und Wechselspielen dann die Welt hervorgeht. Im Taoteking W1 liest man dazu:

Das Tao, das man erkennen kann, ist nicht das ewige Tao.
Der Name, den man nennen kann, ist nicht der ewige Name.
Jenseits des Nennbaren liegt der Anfang der Welt...

Das Tao kann man demzufolge nicht rational erkennen. Man kann es nur in der Meditation erfassen. Indem man sich von der Welt ab- und dem unerforschlich Ewigen zuwendet, erahnt man in mystischer Schau etwas vom Wirken des Tao jenseits der Veränderung der Dinge.
Das Taoteking sagt dazu in W 47:
Ohne aus der Türe zu gehen,
kann man die Welt erkennen.
Ohne aus dem Fenster zu blicken,
kann man den Himmel erschauen.
Je weiter einer hinausgeht,
desto weniger wird sein Erkennen.
Also auch der Weise:
Er wandert nicht und kommt doch ans Ziel.
Er sieht sich nicht um und vermag doch zu benennen.
Er handelt nicht und bringt doch zur Vollendung.

Der Weise wird dem Wirken des Tao nichts entgegensetzen und es nicht in seinem Wirken stören. Er handelt durch Nichthandeln. Wu Wei bedeutet, absichtslos den Dingen ihren Lauf zu lassen. Willentliches Eingreifen stört das natürliche Gleichgewicht und führt zu Unglück und Verderben. Das Taoteking sagt dazu in W 37:
Das Tao wohnt im Nicht-Handeln,
und doch bleibt nichts ungewirkt.
Wenn Fürsten und Könige diese Einsicht verstünden,
dann würden sich die tausend Dinge ganz natürlich von selbst entwickeln.

Für den Weisen wird alles, was im alltäglichen Leben wichtig ist, bedeutungslos. Heiligkeit und Erkenntnis sind nur schädlich. Sittlichkeit und Pflicht bewirken nur das Gegenteil. Kunst führt ab vom Wesentlichen. Geschäftigkeit, Handel und Gewinnstreben erzeugen

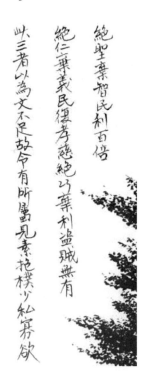

nur Diebe und Räuber. Absichtsvolles Handeln weckt nur die Gegenkräfte. Das Taoteking sagt dazu in W 19:
Gebt auf die Heiligkeit, werft weg die Erkenntnis,
und das Volk wird hundertfach gewinnen!
Gebt auf die Sittlichkeit, werft weg die Pflicht,
und das Volk wird zurückkehren zu Familiensinn und Liebe!
Gebt auf die Kunst und werft weg den Gewinn,
und Diebe und Räuber wird es nicht mehr geben.

Buddhistische und taoistische Weisheit haben viel Gemeinsames. Beide nehmen an, dass die Lebenswelt, wie sie dem Menschen erscheint, nur vordergründig sei. Denken führt in die Irre. Nur mystisches Erahnen ermöglicht den Zugang zur Leere oder zum Tao. Diese beiden Lebensphilosophien verlangen Weltentsagung und den Verzicht auf aktive Lebensgestaltung.

3 Die Mäßigkeit

Mäßigkeit steht in Verbindung mit Maß. Damit ist eine innere Ordnung angesprochen, die zur Selbstbeherrschung und damit zu innerer Freiheit führt.

Es ist schwer, für das lateinische Wort „temperantia" und das griechische Wort „σωφροσύνη" eine angemessene deutsche Übersetzung zu finden, die die Bedeutung des Begriffs ausreichend genau umfasst. Pieper übersetzt ihn mit Zucht und Maß (siehe [8]). Hier stört vielleicht das Wort „Zucht", das zu sehr an Züchtigung erinnert.
Auch das Wort „Besonnenheit" trifft nicht das Wesentliche. Hierbei bleibt das Maß außer Acht, das dafür sorgt, dass sich menschliches Verhalten nicht allzu weit von dem entfernt, was Aristoteles „μεσοτης" (lat. aurea mediocritas), die goldene Mitte nennt.
Wegen dieser Schwierigkeiten soll als Wort, das möglicherweise der Bedeutung von „temperantia" am nächsten kommt, die „Mäßigkeit" gewählt werden. In diesem Wort ist das Maß enthalten. Gleichzeitig spürt man etwas von Selbstbeherrschung und von der Fähigkeit, das Leben nach eigenen Vorstellungen auszurichten.
Das nachstehende Bild von Antonio del Pollaiolo zeigt die Verkörperung der Mäßigkeit, die symbolisch den Wein mit Wasser mischt.
Allerdings sollte man immer im Auge behalten, dass Mäßigkeit über die Zurückhaltung bei Essen und Trinken und über die Beherrschung hef-

tiger Emotionen hinausgeht. „Iss und trink nicht zuviel!" und „Beherrsche deinen Zorn!" haben zwar etwas mit Mäßigkeit zu tun, erfassen aber nicht die volle Bedeutung dieses Begriffs. Außerdem soll „Mäßigkeit" nichts mit einer ängstlichen, flachen, alles Außergewöhnliche fürchtenden Spießbürgerlichkeit zu tun haben, die sich behäbig in der Mittelmäßigkeit wohlfühlt.

Wenn es um die Mäßigkeit geht, muss man zunächst prüfen, was denn mit Maß gemeint sein könnte. Was ist es, das einem menschlichen Leben die rechte Ordnung gibt?

Unabhängig davon steht man vor dem Problem, wie man es denn im Alltag erreicht, das Le-

ben nach den eigenen, bewusst gewählten Vorstellungen auszurichten. Erlebt man es nicht allzu oft, dass man das, was man sich zu tun vornimmt, dann doch nicht tut? Wie kommt es, dass man manchmal den eigenen Antrieben widerstehen kann und ein anderes Mal nicht? Stellt man nicht immer wieder fest, dass man plötzlich Dinge tut, die man von sich selbst eigentlich nicht erwartet hat? Hat nicht Paulus recht, wenn er im Brief an die Römer in Kapitel 7, Vers 15 sagt: „Denn ich weiß nicht, was ich tue. Denn ich tue nicht, was ich will; sondern was ich hasse, das tue ich."

Offensichtlich ist der Mensch nicht uneingeschränkt Herr im eigenen Haus. Es genügt nicht, das Tugendhafte nur zu erkennen und daraufhin ist man schon fähig, das Erkannte auch zu tun. Eine Tugendlehre steht damit vor der Aufgabe, nicht nur das Tugendhafte zu bestimmen, sondern auch deutlich zu machen, wie es denn gelingen kann, das Tugendhafte im alltäglichen Leben gegen Widerstände verschiedener Art auch zu verwirklichen. Woher kommt die Kraft, das Gute zu tun und Bestrebungen, die in eine andere Richtung ziehen, zu widerstehen? Um diese Fragen beantworten zu können, ist praktisches Weltwissen erforderlich. Die Psychologie mit ihren Untersuchungen zur Motivation und zu den Trieben kann hier hilfreiche Informationen beitragen.

3.1 Das Maß und die innere Ordnung

Es gibt eine allen Menschen zugehörige Ordnung, deren Einhaltung den Menschen in den Stand setzt, alle diejenigen Eigenschaften zu entfalten, die wahres Menschsein ausmachen. Diese Ordnung ist die Voraussetzung für ein erfülltes Leben. Es ist die Weisheit, die sie aufdecken kann. Hier liegen die Wurzeln eines wohlverstandenen Humanismus.

Wenn es um das Maß und um die innere Ordnung geht, ist man gut beraten, sich bei Aristoteles sachkundig zu machen.

Diese innere Ordnung besteht aus einer schwer einzuhaltenden und immer wieder gefährdeten Mittelstellung zwischen zwei Extremen. Oftmals tut man des Guten zu wenig, zuweilen auch zuviel. Das Gute und Richtige liegt offensichtlich in der Mitte zwischen einem Zuwenig und Zuviel. Die Alltagserfahrung zeigt, dass vieles eine Frage der Dosierung ist. Eine Substanz kann in angemessener Menge verabreicht eine heilsame Medizin sein. Gibt man zu wenig, ist sie wirkungslos, gibt man zuviel, verwandelt sie sich jedoch in ein Gift.

In die gleiche Richtung weist die griechische Aufforderung „μηδεν αγαν", „nichts im Übermaß".

Einige einfache Beispiele sollen das deutlich machen:

- Freigiebigkeit
  Als Extreme zur Freigiebigkeit gelten Geiz und Verschwendung. Sowohl Geiz als auch Verschwendung führen in die Irre.

- Ordnungsliebe
  Die Ordnungsliebe steht in der Mitte zwischen heillosem Durcheinander und kleinlicher Pedanterie.

- Fleiß
  Auf der einen Seite gibt es die Faulheit oder Trägheit, die sich nur schwer zu sinnvollem Tun aufraffen können. Ihnen steht die hektische Betriebsamkeit gegenüber, der ein „Workaholic" zum Opfer fällt.

- Erziehung
  Bei der Erziehung sollte man ein Mittelweg zu wählen, der zwischen übermäßiger Strenge und Verwöhnung liegt.

Auch für die Tugenden selbst gilt die Regel von der goldenen Mitte:

- Weisheit
  Der Weise steht zwischen dem angeblich glücklichen Toren, der unbeschwert vor sich hin lebt, auf der einen Seite und dem fanatischen Wahrheitssucher auf der anderen Seite, der wie z.B. ein buddhistischer oder taoistischer Mönch das wirkliche Leben verfehlt.

- Mäßigkeit
  Die Mäßigkeit als Verpflichtung zur Selbstbeherrschung strebt ein ausgewogenes Gleichgewicht an, das sich gegen schwankende Zügellosigkeit ebenso zur Wehr setzt wie gegen pedantische Prinzipienreiterei. So gehört z.B. auch die ausgewogene und vernünftige Befriedigung leiblicher Bedürfnisse zum wahren Menschsein. Asketische Verleugnung ist ebenso zerstörerisch wie unbeherrschtes Ausleben von Trieben.

- Tapferkeit
  Die Tapferkeit steht in der Mitte zwischen Feigheit und Tollkühnheit. Wer immer feige flieht, wird sich nie gegen Widerstände durchsetzen können. Wer tollkühn immer gleich losschlägt, kommt zu Schaden, weil gelegentliches Gewährenlassen eher zum Ziel führt.

- Gerechtigkeit
  Ganz ohne Gerechtigkeit löst sich gesellschaftliches Leben auf oder es herrscht die Gewalt des Stärkeren. Gerechtigkeit allein ohne Milde und Güte führt zu Hartherzigkeit und Grausamkeit. Oder sie hat die Selbstzerstörung zu Folge, wie das z.B. in Kleists Novelle Michael Kohlhaas beschrieben wird.

Man darf sich wiederum von den Begriffen wie z.B. Freigiebigkeit, Verschwendung und Geiz nicht zu einem Begriffsrealismus verleiten lassen. Freigiebigkeit, Geiz und Verschwendung an sich gibt es nicht. Es ist auch nicht so, als wäre nur die Trias „extremes Verhalten unten", „mittleres Verhalten" und „extremes Verhalten oben" möglich. Anstelle dieser starren begrifflichen Fixierung handelt es sich vielmehr um ein

Kontinuum, das stufenlos und langsam von einem extremen Verhalten über die Mitte zum gegenüberliegenden extremen Verhalten führt.

Das Verhalten dem Geld und den Vermögenswerten gegenüber verläuft kontinuierlich vom Geiz über die Sparsamkeit bis zur Verschwendung. Es gibt extremen Geiz und „normalen" Geiz ebenso wie „extreme Verschwendung" und „normale" Verschwendung. Es gibt demzufolge auch einen breiten mittleren Bereich für Sparsamkeit, innerhalb dessen ein Verhalten als vernünftig und sinnvoll angesehen werden kann. Die Sprache kategorisiert relativ willkürlich und führt Substantive für etwas ein, das real nicht vorkommt.

Es wird sich erweisen, dass sich das Maß und die Mitte, die Aristoteles vorschweben, sehr gut mit der Einstellung vereinbaren lassen, menschliche Bedürfnisse in all ihren Aspekten zur wohlbedachten Befriedigung zu bringen. Wichtig ist hierbei das ausgewogene Gleichgewicht, das allen Bedürfnissen Gerechtigkeit widerfahren lässt und keines auslässt. Eine ganz unverbindliche, erste Zusammenstellung könnte die folgende Form haben:

Die leiblichen Bedürfnisse, z.B. ein befriedigendes Sexualleben

Die sozialen Bedürfnisse, z.B. bereichernde Freundschaften

Das Bedürfnis nach Selbstverwirklichung, z.B. ein ausfüllendes Berufsleben

Die Bedürfnisse nach Wissen und Welterkenntnis, z.B. wissenschaftliche Neugier

Das Bedürfnis nach Sinngebung, z.B. das Streben nach religiöser Erfahrung

Keines dieser Bedürfnisse darf die Dominanz an sich reißen. Keines darf insbesondere das natürliche, menschengemäße Maß überschreiten und im Sinne von Aristoteles nach extremer Befriedigung streben.

Man sieht, dass hier keine absoluten Forderungen gestellt werden. Nichts Ewiges und nichts Ideales wartet hier. Es geht um das, was den Menschen ganz real ausmacht. Wäre der Mensch anders geartet, würden auch die Ansprüche andere sein. Damit würde sich auch das, was Mitte und Maß ist, verschieben. Um diese Mitte und das Maß zu finden, bedarf es der Weisheit mit Weltwissen und Lebenserfahrung.

3.2 Die Selbstbeherrschung

Die Selbstbeherrschung ist die Fähigkeit, diejenigen Handlungen, die man sich willentlich vorgenommen hat, auch auszuführen. Sie ist die

Voraussetzung dafür, das, was man als Maß und Mitte erkannt hat, auch gegen Versuchungen aller Art durchzusetzen und sich nicht von Verlockungen abtreiben zu lassen.

Wie schon dargestellt, kann es nicht ausreichen, nur zu bestimmen, was das Maß ist und wie eine gute, innere Ordnung auszusehen hat. Viel zu oft weiß man das und richtet sich im alltäglichen Handeln doch nicht danach. Es ist daher erforderlich, sich sorgfältig klar zu machen, wodurch das eigene Handeln beeinflusst wird, und wie man es nach den eigenen Vorstellungen lenken kann.

Derartige Überlegungen sind die Voraussetzungen einer vernünftigen Tugendlehre. Eine vernünftige Tugendlehre muss diese Sachverhalte bedenken und berücksichtigen, wenn sie nicht in realitätsfernes und widermenschliches Theoretisieren abgleiten will.

Es ist unsinnig, Verhaltensweisen zu fordern, von denen feststeht, dass sie nicht einzuhalten sind. Es gilt der römische Rechtsgrundsatz *„Ultra posse nemo obligatur".* Was man nicht zu leisten vermag, kann man auch nicht fordern.

Außerdem mag es nützlich sein zu wissen, welche äußeren Umstände es erleichtern oder erschweren, das zu tun, was man sich vorgenommen hat. Jeder Mensch kennt sicherlich Situationen, in die er sich lieber nicht begibt, weil er sie nicht beherrschen kann und jeder Mensch weiß, was er anstellen muss, um sich gelegentlich dazu zu bringen, das zu tun, was er sich vorgenommen hat, was ihm aber schwer fällt.

Zunächst sieht man, dass es unmöglich ist, in allen Lebenssituationen die Selbstbeherrschung zu bewahren. Es gibt Situationen, in denen andere Motive stärker werden und die das Motiv verdrängen, das dem eigenen Willen zu Grunde liegt. Nur ein rigoroser, und damit auch inhumaner Fanatiker wird verlangen, immer und überall alle anderen Motive in Grenzen zu halten und nur dem eigenen Willen zu folgen.

Auch hier gilt die goldene Mitte. Ein Mensch, der zur Selbstbeherrschung nicht fähig ist, wird ein erfülltes Leben ebenso verfehlen wie ein Mensch, der willensstark einseitig alle Motive und Antriebe unterdrückt, die seinen eigenen Vorstellungen nicht entsprechen. Ein zu dominantes Über-Ich gefährdet die wohlausgewogene Persönlichkeit.

Weiterhin sieht man, dass das menschliche Bestreben, für alle Bedürfnisse auf allen Ebenen Befriedigung zu erreichen, sehr gut mit den aristotelischen Vorstellungen der μεσοτης, des goldenen Mittelweges zusammenpasst. Ein Zuviel in jeder Richtung ist nicht zuträglich. Es gibt ein natürliches Maß, das es möglich macht, die im Menschen angelegten Eigenschaften zur vollen Entfaltung zu bringen. Körperliches Wohlbefinden, innere Ruhe und psychische Spannungsfreiheit sind die Folge und damit Voraussetzung für ein erfülltes Leben.

3.3 Gesellschaftliche Normen, Triebverzicht und Mäßigkeit

Der Mensch ist immer auch ein Gemeinschaftswesen. Das bedeutet, dass sein Verhalten nicht nur von ihm selbst, sondern ganz wesentlich von den gesellschaftlichen Normen bestimmt wird.

Wenn es um die Befolgung von Normen geht, kann man zwei Möglichkeiten unterscheiden. Einmal kann das Verhalten außengeleitet und damit fremdbestimmt sein. In diesem Fall werden die gesellschaftlichen Normen wie Vorschriften gesehen, denen man folgt, um Sanktionen zu vermeiden. Sobald man jedoch die Normen verinnerlicht bzw. Normen entwickelt hat und diese damit zu eigenen Handlungsmaximen geworden sind, spricht man von innengeleitetem Verhalten. Man hat sie sich sozusagen zu Eigen gemacht und folgt dem eigenen, inneren Antrieb (siehe hierzu [9]).
Die Bedeutung gesellschaftlicher Normen wird in einer tugendzentrierten Sichtweise oftmals unterschätzt. Nur ganz selten gelingt es, sich von den kulturell bzw. gesellschaftlich anerkannten und geforderten Normen zu lösen und persönliche Zielvorstellungen zu erarbeiten.
Ein Blick in die Kulturgeschichte zeigt, dass es immer wieder vorkommt, dass von der Gesellschaft Normen gefordert werden, die einer humanen und vernünftigen Erfüllung von Bedürfnissen im beschriebenen Sinn nicht entsprechen. Eine rigide Sexualmoral ist ein offensichtliches Beispiel. Es wird ein Triebverzicht verlangt, der nichts mehr mit einem Verhalten zu tun hat, wie es die Mäßigkeit vorschlägt. Wenn derartige Normen verinnerlicht werden, muss es im Seelenleben zu inneren Spannungen kommen. Die Forderungen der Bedürfnisse stehen den Forderungen einer strengen Moral gegenüber. Freud hat die Begriffe „Ich" und „Über-Ich" geprägt und von Verdrängung gesprochen. Schwerwiegende psychische Defekte sind die Folge, wenn es nicht gelingt, diese Spannungen aufzulösen.

Eine Diskussion über die Mäßigkeit darf daher nicht nur die persönliche Verwirklichung und die individuelle Ausgestaltung im Auge behalten. Es sind immer auch die gesellschaftlichen Rahmenbedingungen zu bedenken.

4 Die Tapferkeit

Unter Tapferkeit versteht man eine innere Haltung, die es erlaubt, die eigenen als gut und richtig erkannten Werte gegen äußere Widrigkeiten und Gefahren, aber auch gegen die eigene Angst und Verzagtheit zu verteidigen und sich dafür einzusetzen.

Es gibt unterschiedliche Lebensbereiche, in denen zuerst Tapferkeit von Nöten ist. Einmal geht es um die ritterliche und soldatische Tugend. Aber nicht nur in der kriegerischen Auseinandersetzung, sondern auch im privaten Alltagsleben wird Tapferkeit gebraucht. So geht man tapfer zum Zahnarzt. Tapfer verteidigt man einen Angegriffenen in einer sonst teilnahmslosen Menge. Man spricht in diesem Zusammenhang oft von Zivilcourage. Und zuletzt gibt es auch eine Tapferkeit, die in den existentiellen Bereich gehört und die ganz persönlich hilft, die ungeschönte Wahrheit über die menschliche Situation auszuhalten, ohne sich vorschnell in tröstende und Sicherheit gebende Illusionen zu flüchten.

4.1 Drei Fragen an die Tapferkeit

Auch bei der Tapferkeit gilt es, das Maß und die Mitte einzuhalten. Die Weltklugheit rät, sorgfältig abzuwägen, wo Tapferkeit sinnvoll ist und wo nicht. Eine gewissenhafte Güterabwägung ist erforderlich, für die es kein festes Rezept und keine verbindlichen Vorschriften gibt. Es ist die individuelle Persönlichkeit, die im Einzelfall eine Entscheidung fällen muss.

Die Beschäftigung mit der Tapferkeit wird auf die Frage stoßen, wie weit Tapferkeit gehen soll. Muss man den eigenen Wert immer bis zum Ende verteidigen, selbst unter Einsatz des Lebens? Oder gibt es Situationen, in denen die Weltklugheit rät, sich lieber klein zu machen und darauf zu verzichten, Held oder Märtyrer zu werden? Das gilt besonders dann, wenn die Sache, die man für gut hält und für die man eintritt, schon verloren ist. Soll man aus Prinzipientreue lieber tapfer untergehen, als angepasst in der Deckung verschwinden? Wie soll man z.B. das Verhalten der Kinder bewerten, die in Wickis Film „Die Brücke" in den letzten Kriegstagen vor den heranrückenden Amerikanern einen Flussübergang verteidigen, obwohl schon alles verloren ist? Diese Kinder waren ohne Zweifel tapfer. Geht diese Tapferkeit nicht viel zu weit?

Man kann feststellen, dass Tapferkeit ein Wert unter anderen ist und keinen Absolutheitsanspruch erheben kann. In einer sicher im Einzelfall nicht immer einfachen Abwägung wird man entscheiden müssen, welcher andere Wert höher oder wichtiger ist. So gibt es sicherlich Situationen, in der man die Tapferkeit wird zurückstellen können oder sogar müssen.

Dazu kommt die Frage, wie man sich zur Tapferkeit stellen muss, wenn Werte verteidigt werden, die nicht den eigenen Werten entsprechen. Ist z.B. ein gläubiger Mensch, ganz gleich welcher Religion er angehört, tapfer, wenn er für seinen Glauben mit seinem Leben eintritt, auch dann, wenn dieser Glaube z.B. fanatisch ist und nicht allgemein nachvollzogen werden kann? Was ist von einem japanischen Kamikazeflieger zu halten, der sich für seinen Kaiser in den Tod stürzt? Ist er tapfer oder ist er nur verblendet?

Offensichtlich erkennt die Umgangssprache Tapferkeit unabhängig von der Gültigkeit des verfolgten Wertes an. Es gilt als tapfer, wer gegen die eigene Angst und gegen äußere Widerstände seine Zielvorstellungen verfolgt und zu verwirklichen sucht, wie auch immer diese Zielvorstellungen aussehen mögen. Tapferkeit ist eine Tugend, die unabhängig davon ist, wofür man tapfer ist.

Wie bei den anderen Tugenden auch ist weiterhin zu überlegen, inwieweit man Tapferkeit wirklich verlangen kann. Ist Tapferkeit vielleicht eine persönliche Eigenschaft, die man entweder besitzt oder nicht? Gibt es nicht Menschen, die von Natur aus mehr oder weniger feige oder mutig sind, so ähnlich wie es Menschen gibt, die mehr oder weniger musikalische Fähigkeiten haben?

Sicherlich kann man von einem unmusikalischen Menschen nicht verlangen, dass er ein großartiger Pianist wird. Kann man von jemandem, der von Natur aus eine „Bangebüx" ist, verlangen, tapfer den Widrigkeiten des Lebens zu widerstehen und seine Überzeugungen auch gegen Widerstände aufrecht zu erhalten? Gilt nicht auch hier der Satz *„ultra posse nemo obligatur"*? Was man nicht leisten kann, kann man auch nicht fordern?

Sicher wird man jedem Menschen zugestehen, dass er nur zu einem bestimmten Maß zu Tapferkeit fähig ist. Und dieses Maß ist sicherlich von Person zu Person verschieden. Dennoch ist man bei der Tapferkeit so wie bei anderen Tugenden nicht ein für alle Mal auf einen bestimmten Wert festgelegt. Wie bei fast allen menschlichen Eigenschaften beobachtet man auch hier eine schwer auflösbare Mischung von Charakter und Umwelteinfluss. Tapferkeit lässt sich schulen und durch Erziehung verbessern. So kann man zwar aus einem Unmusikalischen keinen berühmten Musiker machen. Es sollte jedoch möglich sein, die unter Umständen begrenzten Möglichkeiten zu fördern, zu unterstützen und zu erweitern. Die Pädagogik hat die Aufgabe, Wege zu entwickeln, die zu diesem Ziel führen.

4.2 Die soldatische Tapferkeit

Tapferkeit sucht man zunächst in allen Bereichen, in denen Kampf und Auseinandersetzung eine Rolle spielen.

In früheren Zeiten sah man die Tapferkeit bevorzugt in Zusammenhang mit Kampf, Krieg und Widerstand. So liest man noch im Jahr 1915 in einem Buch des Oberst a.D. Camille Schaible über Standes- und Berufspflichten des deutschen Offiziers (zitiert nach [10]):

Und nun noch ein Wort über die Tapferkeit! Sie beruht auf bewusstem Willen, der ein Kind höchster Moral ist; wahre Tapferkeit ist frei von jeder krankhaften Beimischung, wie sie Ehrgeiz und Ruhmsucht nur zu leicht im Gefolge haben, indem sie die Tapferkeit in Tollkühnheit und Verwegenheit wandeln. Die wahre Tapferkeit wägt bei völligem Bewusstsein in Ruhe die Gefahr ab und schätzt sie richtig, darum ist sie stets mit Geistesgegenwart gepaart... Die Tapferkeit ist die Tauglichkeit, den Kampf, der im Gefühl der Pflicht und in Rücksicht auf höhere militärische, politische oder sittliche Ausgangspunkte unternommen, angesichts der Gefahren mit Ausdauer und Mannhaftigkeit durchzuführen und in schlimmster Lage auszuharren.

Um diese herrlichen Eigenschaften, ohne die ein Offizier nie ein leuchtendes Vorbild sein kann, an dem der Strauchelnde sich festhält und der Gefallene sich aufrichtet, zu erlangen, ist die persönliche Entwicklung zur höchsten Moral zwingend geboten, und diese ist nur zu erreichen in nimmermüder Selbstzucht; nur durch die Kraft eines zielbewussten, energischen Willens; nur durch das fortgesetzte Streben nach wahrer Ehre.

„Die Fassung des Gemüts, die Gefahr mit Überzeugung zu übernehmen, ist Mut. Ein anhaltender Mut in Gefahren ist Tapferkeit". (Kant)

Die Tapferkeit wurde von den alten Römern als Höhepunkt aller männlichen Tugenden betrachtet und von ihnen geradezu als virtus, d.h. Mannhaftigkeit bezeichnet. In diesem Sinne wird deshalb die virtus vor allem Sache des Offiziers sein müssen!

Man wird dem Offizier Schaible Recht geben müssen. Gleichzeit darf man dankbar sein, dass die soldatische Tapferkeit in einer Zeit, die den Schwerpunkt auf gewaltlose Konfliktlösung legt, zumindest in den westlichen Ländern in ihrer Bedeutung zurückgegangen ist, und dass sich Tapferkeit stärker z.B. in Zivilcourage zeigt.

4.3 Tapferkeit im Alltag und die Zivilcourage

Die Zivilcourage hat weniger mit der großen Tapferkeit zu tun, bei der sogar das eigene Leben auf dem Spiel steht. Hier geht es vielmehr um die vielen kleinen Tapferkeiten des Alltags, die die Widrigkeiten betreffen, denen man sich immer wieder ausgesetzt sieht.

Es ist nicht immer leicht, sich selbst treu zu bleiben und es ist nicht immer leicht, der eigenen Bequemlichkeit oder dem Druck der Außenwelt zu widerstehen. An Hand der bekannten Legende des Hlg. Georg soll die kleine Tapferkeit des Alltags erläutert werden. Das Glasfenster der Patrizierfamilie Haller in der Nürnberger Kirche St. Sebald gibt eine liebevoll gestaltete Illustration.

Auf der linken Seite sieht man das Böse in Gestalt eines Drachens. Der Einsatz für das Gute ist immer auch ein Kampf gegen das Böse.

Die Prinzessin steht für den Mensch, der bedroht ist und der Hilfe braucht. Sie hat es der Tapferkeit des Hlg. Georg zu verdanken, dass sie gerettet wird. Ganz rechts sieht man die Bewohner der Stadt. Hinter dicken Mauern wohl verschanzt schauen der König und die Bewohner der Stadt zu, wie das Böse von einem der Ihren Besitz ergreifen will und wie ein anderer, ein Fremder mit dem Bösen kämpft. Viel zu oft beobachtet man diese Einstellung, die hier der König und die Bewohner zeigen:

Aus der Deckung nicht herauskommen.
Das eigene Wohlergehen nicht gefährden.
Sich nicht in Schwierigkeiten bringen.
Wegsehen.
Sich nicht einmischen.

Es müssen nicht immer die großen Heldentaten erforderlich sein. Der Kampf gegen das Böse ist oftmals ein Kleinkrieg, bei dem die kleine, persönliche Tapferkeit wichtig wird. Zivilcourage ist immer wieder auch im Alltag erforderlich. Beispiele lassen sich zahllos finden:

Wenn Stärkere einen Schwachen verprügeln.
Wenn sich jemand auf der Straße schwer verletzt hat und hilflos am Boden liegt.
Wenn jemand in der eigenen Umgebung unter Neid, Verleumdung oder Missgunst leidet.
Wenn jemand betrogen werden soll.
Wenn Misshandlungen an Hilf- oder Wehrlosen verübt werden.

Die Mentalität der Vielen hinter der Mauer ist weit verbreitet. Das Böse dieser Erde lässt sich nicht verringern, indem man aus einer gesicherten Position nur zusieht. Hass, Neid, Unterdrückung, Verletzung, Gewalt, Lüge, Treulosigkeit und vieles mehr hören nicht von allein auf. Man muss aktiv und tapfer für das Gute eintreten, indem man die Mauern verlässt und sich wie der Hlg. Georg dem Bösen stellt.

4.4 Die Tapferkeit in der Welt

Das Weltbild der Gegenwart zeigt, dass der Mensch nicht mehr Mittelpunkt der Welt ist. Vielmehr lebt er auf einer Erde, die sich in der nahezu unendlichen Weite des Weltraums in einer unbedeutenden Galaxie befindet. Der Mensch als Teil der Natur hat sich durch einen natürlichen Selektionsprozess aus einfachen Lebensformen entwickelt. Es erfordert Tapferkeit, diese Einsichten zu ertragen, ohne sich entweder in Illusionen zu flüchten oder ihr durch Ablenkung und Zerstreuung auszuweichen.

Der Mensch ist das einzige Wesen innerhalb des gegenwärtigen Erkenntnishorizonts, das sich als Subjekt in einer als Objekt empfundenen Welt zu sehen vermag. Diese Fähigkeit setzt ihn vor allen anderen Lebewesen in den Stand, die Welt zu erkennen und sich ein Bild von ihr zu machen. Dazu kommt, dass nur er über reflektives Verhalten verfügt, das es ihm erlaubt, sich selbst als Objekt wahrzunehmen und sich damit seiner eigenen Situation in der Welt bewusst zu werden. Insbesondere weiß er um seinen Tod.

Diese Fähigkeiten haben sich im Laufe der Evolution entwickelt und dem Menschen eine einmalige Sonderstellung zukommen lassen. Diese herausragende Sonderstellung muss jedoch teuer bezahlt werden. Der Mensch hat die natürliche, unbewusste Einbindung in die Natur verloren und sieht sich einer sinnlosen, ihm zunächst feindlichen Umwelt ausgeliefert. Er erlebt, dass er unbehaust ist.

Es ist die moderne Astronomie, die die nahezu unendliche Weite des Universums erschließen konnte, und die deutlich gemacht hat, dass unsere Erde möglicherweise ein Zufallsprodukt ist und sich am Rande einer eher unbedeutenden Galaxie entwickelt hat. Damit ist das geozentrische Weltbild verloren gegangen.

Die Evolutionstheorie hat gezeigt, dass auch Menschen dem natürlichen Selektionsprozess unterworfen sind und sich wie alle anderen Lebewesen im Laufe der Evolution zu dem hinentwickelt haben, was sie in der

Gegenwart sind. Der Unterschied zu den höher entwickelten Säugetieren ist eher quantitativ als qualitativ. Mit dieser Erkenntnis hat das anthropozentrische Weltbild seine Bedeutung eingebüßt.

Die Astronomie und die Evolutionstheorie haben dem Menschen ein neues Verständnis seiner selbst vermittelt. Damit ist das Bewusstsein der Geborgenheit und Sinnhaftigkeit verloren gegangen.

Pascal (1623 – 1662) schreibt hierzu:

Verschlungen von der unendlichen Weite der Räume, von denen ich nichts weiß und die von mir nichts wissen, erschaudere ich...

Das ewige Schweigen der Räume erschreckt mich...

Wenn ich bedenke, dass der Mensch... sich selbst überlassen ist wie ein Verirrter in diesem Winkel des Weltalls... dann überkommt mich ein Grauen.

4.4.1 Das Universum

Man nimmt an, dass sich unser Universum vor $13,7 \cdot 10^9$ (13,7 Milliarden Jahren) auszugestalten begann. Es umfasst innerhalb des zur Zeit sichtbaren Bereichs an die 10^{11} (100 Milliarden) Galaxien. Ständig entstehen neue Galaxien und alte gehen zu Grunde.

Die gegenwärtige Ausdehnung des Universums beträgt ungefähr $96 \cdot 10^9$ Lichtjahre. Einige Informationen hierzu findet man unter [11].

Unser Sonnensystem gehört zur Milchstraße, einer Galaxie mit ungefähr $3 \cdot 10^{11}$ (300 Milliarden) Sonnen und einer Ausdehnung von 100.000 Lichtjahren. Die unserer Milchstraße am nächsten gelegene, größere Galaxie ist die oben abgebildete Andromeda-Galaxie, die sich in einer Entfernung von 2,5 Millionen Lichtjahren befindet.

Sonnen wie die unsere durchlaufen eine Lebensgeschichte, die mit einer Geburt beginnt und mit dem Tod endet. Unsere Sonne, mit einem geschätzten Alter von 4,5 Milliarden Jahren, gehört zu den sogenannten Gelben Zwergen. Mit ihrer Größe von 1,4 Millionen Kilometern und einer optimalen Masse von $1,9884 \cdot 10^{20}$ Kilogramm hat sie ein stabiles Gleichgewicht zwischen dem Strahlendruck nach außen und der nach innen gerichteten, entgegenwirkenden Gravitation.

Nach einer Lebenserwartung von 10 Milliarden Jahren wird der Wasserstoffvorrat unserer Sonne verbraucht sein. Daraufhin wird die Gravitation überwiegen; die Sonne zieht sich zusammen und die Temperatur im Inneren wird sich auf Grund des gestiegenen Drucks erhöhen. Als Folge wird sich die Sonne zu einem Roten Riesen aufblähen, dessen Umfang das innere Sonnensystem bis zum Mars einschließt und der damit auch das Schicksal unserer Erde besiegelt. Die Astronomie hat im Universum zahlreiche Sonnen gefunden, die das Schicksal unserer Sonne bereits erlitten haben.

Es ist eine hervorragende Leistung des menschlichen Erkenntnisvermögens, das alles herausgefunden zu haben. Es erfordert Tapferkeit einzugestehen, dass der Mensch nicht einmal ein Staubkorn in einem gewaltigen Kosmos ist, dessen Verhalten und Größe jegliches menschliche Anschauungsvermögen übersteigen. Zeit und Entfernung liegen im Universum in einem Bereich, die nichts mit den Zeiten und Entfernungen zu tun haben, die uns aus dem irdischen Alltagsleben vertraut sind.

Eine bekannte Darstellung zeigt, wie der Mensch neugierig die warme, sonnenbestrahlte Geborgenheit eines geozentrischen Weltbildes verlässt, um zu erforschen, wie das Universum, in dem er lebt, und in das er ohne seinen Wunsch hineingeboren wurde, wirklich aussieht. Er konnte nicht ahnen, dass ihn sein Erkenntnisdrang in eine gewaltige, kalte Welt hinaus stoßen würde, die keinerlei Interesse an ihm und seinem Wohlbefinden hat.

4.4.2 Die Evolution

Die Hinweise, die belegen, dass auch der Mensch der Evolution unterliegt und sich aus niederen Lebensformen entwickelt hat, sind überwältigend. Die Paläoanthropologie ist bemüht, den Weg, den die Entwicklung genommen hat, zu rekonstruieren. Es hat sich gezeigt, dass kein lineares Fortschreiten vorliegt. Vielmehr hat es immer wieder auch Fehlversuche gegeben, die sich nicht durchsetzen konnten und die daher ausgestorben sind.

Zahlreiche sehr aufschlussreiche, allgemeinverständliche Darstellungen schildern den Stand der Erkenntnisse (siehe hierzu unter vielen z.B. [13]).

Die Einsicht, dass auch der Mensch der Evolution unterworfen ist und sich langsam aus niederen Lebensformen entwickelt hat, bedeutet einen schwerwiegenden Eingriff in sein Selbstverständnis. Vieles, was sich im Laufe der Zeit in der abendländischen Kultur in dieser Beziehung entwickelt hat, wird fraglich. Was ist es, was den Menschen grundsätzlich von anderen Lebewesen unterscheidet?

- Hat der Mensch eine Seele, die unabhängig vom Körper existiert? Tieren wird diese Seele nicht zugestanden.

- Kann man im Menschen irgendetwas Substanzielles oder Reales feststellen, das Geist ist? Geist wird als etwas angesehen, das den Tieren nicht zukommt.

- Besitzt der Mensch Willensfreiheit? Wiederum ist es so, dass man annimmt, dass alle anderen Lebewesen diese Willensfreiheit offensichtlich nicht besitzen und dass ihr Verhalten determiniert ist.

- Wird es für den Menschen ein wie auch immer geartetes Leben nach dem Tod geben? Es fällt schwer zu glauben, dass einem Tier, z.B. einem Wurm, ja nicht einmal einem Affen, ein Leben nach dem Tod beschieden ist.

- Gibt es für das menschliche Leben einen Zweck, der seinem Dasein auf der Erde Sinn gibt?

Wann und unter welchen Umständen sind im Laufe der Evolution die besonderen, nur dem Menschen zugestanden Eigenschaften im Menschen entstanden? Es gehört Tapferkeit dazu, sich diesen Fragen offen und vorurteilslos zu stellen und gegebenenfalls die Antwort zu akzeptieren.

4.4.3 Tapferkeit im Angesicht einer Welt ohne vorgegebenen Sinn

Immer wieder wird die Sinn- und Hoffnungslosigkeit des menschlichen Lebens festgestellt.

Wozu und zu welchem Ende gibt es das unendliche Leid in der Welt? Wozu Kriege, Hungersnöte, Vernichtungslager oder Völkermord? Wozu Krankheit, Einsamkeit und Verzweiflung?

So schreibt z.B. der Dichter Andreas Gryphius (1616 – 1664) in seinem Gedicht *Menschliches Elende*:
Was sind wir Menschen doch?
Ein Wohnhaus grimmer Schmerzen,
ein Ball des falschen Glücks,
ein Irrlicht dieser Zeit, ein Schauplatz herber Angst,
besetzt mit scharfem Leid,
ein bald verschmelzter Schnee und abgebrannte Kerzen.

Dies Leben fleucht davon wie ein Geschwätz und Scherzen.
Die vor uns abgelegt des schwachen Leibes Kleid
und in das Totenbuch der großen Sterblichkeit
längst eingeschrieben sind, sind uns aus Sinn und Herzen.

Gleich wie ein eitel Traum leicht aus der Acht hinfällt
und wie ein Strom verscheußt, den keine Macht aufhält,
so muß auch unser Nam, Lob, Ehr und Ruhm verschwinden.

Was itzund Atem holt, muss mit der Luft entfliehn.
Was nach uns kommen wird, wird uns ins Grab nachziehn.

Was sag ich?
Wir vergehn wie Rauch von starken Winden!

In moderner Zeit waren es die französischen Existentialisten, die in eindrucksvoller Weise die Sinnlosigkeit alles Irdischen beschrieben haben. Samuel Beckett mit seinem im Jahre 1953 im Théâtre de Babylone in Paris aufgeführten Theaterstück *Warten auf Godot* ist wohl das bekannteste Beispiel. Mehrfach im Stück erscheint der folgende Dialog:
Estragon: Komm, wir gehen!
Wladimir: Wir können nicht.
Estragon: Warum nicht?
Wladimir: Wir warten auf Godot.
Estragon: Ach ja.

Bis zum Schluss bleibt offen, wer Godot ist. Estragon und Wladimir warten auf ihn, aber er kommt nicht. Vielleicht steht er für die unerfüllbare Hoffnung nach Sinn? So verbringen die beiden ihre Zeit mit Lächerlichkeiten und Albernheiten; so wie die Menschen nach der Überzeugung Becketts ihr Leben in einer Weise zubringen, die lächerlich und albern wirkt, wenn man aus einer größeren Entfernung darauf blickt.

Muss man nicht zugestehen, dass es in der Welt keinen Sinn gibt? Bleibt nur übrig, wenn es schon keinen Sinn gibt, dem Leben zumindest einen Sinn zu geben? Es gehört Tapferkeit dazu, sich zu einem „Trotzdem" durchzuringen.

5 Die Gerechtigkeit

Die Gerechtigkeit geht von einem gemeinsamen Gut und dessen Verteilung aus. Sie bestimmt, was jedem seiner Leistung und seinem Vermögen entsprechend zusteht und was jeder dementsprechend beizutragen hat. Dazu kommt, dass im Austausch der Güter und Leistungen zwischen den Beteiligten niemand übervorteilt wird. Bei der Betrachtung der Gerechtigkeit ist zu bedenken, dass Gerechtigkeit oftmals zum eigenen Vorteil missbraucht worden ist. Außerdem sollte man beachten, dass Gerechtigkeit und gütige Menschlichkeit oftmals in Konflikt stehen.

Die Tugenden Weisheit, Mäßigkeit und Tapferkeit richten sich alle drei an das Individuum und seine innere Ordnung. Sie geben ihm Verhaltensweisen vor, die sein eigenes Handeln und seine eigene Einstellung betreffen. Die Gerechtigkeit betrifft im Gegensatz dazu die allgemeinen Regelungen und Bestimmungen innerhalb der Gesellschaft als ganzer. Die Statue stellt die Justitia dar, wie sie auf dem Frankfurter Römer steht. Die verbundenen Augen dokumentieren ihre Unparteilichkeit; sie urteilt ohne Ansehen der Person. Die Waage in der linken Hand deutet darauf hin, dass Gerechtigkeit selten eindeutig feststeht, sondern dass es sich dabei oft um eine Güterabwägung handelt. In der rechten Hand führt die Justitia das Schwert. Gerechtigkeit stellt sich niemals von allein ein. Gerechtigkeit ohne Macht und ohne Sanktionsmöglichkeit ist wehr- und hilflos; die Justitia könnte dann die ihr zugedachten Aufgaben, die Ordnung und das Recht innerhalb der Gesellschaft zu sichern, nicht wahrnehmen.

5.1 Recht und Gerechtigkeit

Recht und Gerechtigkeit bezeichnen trotz ihrer Namensähnlichkeit unterschiedliche Sachverhalte.
Das Recht legt ganz grundsätzlich die allgemeinen Bestimmungen und Verfahrensweisen fest, die das menschliche Miteinander regeln und eine Ordnung im Zusammenleben ermöglichen. Die Gerechtigkeit umfasst einen Teilbereich des Rechts und betrifft die Handlungen, die sich auf die Zuteilung bzw. auf das Versagen von Gütern beziehen. Die europäische Tradition hat Gerechtigkeit als das bestimmt, was einem jeden zukommt. Es gilt suum cuique, jedem das Seine.

Zum Recht gehört z.B., dass man im Straßenverkehr in Deutschland rechts fährt, dass man mit 65 Jahren Anspruch auf Rentenzahlung hat oder dass Sterbehilfe entweder erlaubt sein soll oder auch nicht. Zur Gerechtigkeit gehört z.B. die angemessene Höhe der Rente oder der der eigenen Leistung und dem eigenen Vermögen entsprechende Steuerbeitrag oder der Beitrag zur gemeinsamen Krankenversicherung.
Man sieht, dass das Rechtsfahren im Straßenverkehr oder das Problem der Sterbehilfe nichts mit Gerechtigkeit zu tun haben. Jemand, der rechts fährt, ist nicht gerecht, sondern verhält sich ordnungsgemäß. Hingegen gehört die Höhe einer Rente, die jemand bezieht, durchaus zur Frage der Gerechtigkeit. Diese Höhe kann in der Tat gerecht oder ungerecht sein.
Eine ausführliche Darstellung der Fragen, die mit Recht und Gerechtigkeit zu tun haben, findet man unter [14].
Die Schwierigkeit, bestimmte Vorgehensweisen herauszuheben, um den Begriff „gerecht" zu definieren, wird durch einige einfache Beispiele offenkundig. Kann man die folgenden Verhaltensweisen gerecht nennen?
- Der Urlaubsanspruch für eine einzelne Berufsgruppe wird erhöht, z.B. die der Bergarbeiter um drei Tage.

- Männer werden zur Wehrpflicht eingezogen, während junge Frauen davon ausgenommen bleiben.
- Der Lebensstandard, den eine Gesellschaft einer Person gewährt, hängt von den natürlichen Anlagen ab, für die niemand verantwortlich ist.
- Die Gehälter für Frauen sind bei vergleichbarer Tätigkeit niedriger als die Gehälter für Männer.
- Fluglotsen verdienen mehr als Gymnasiallehrer.
- Ein Mann ist bei einer Scheidung für den Unterhalt seiner ehemaligen Frau zuständig, wenn die Frau keinen eigenen Beruf hat.

Die Schwierigkeit liegt darin, auf der einen Seite die Gleichheit aller Menschen zu berücksichtigen und auf der anderen Seite den offensichtlichen Unterschieden Rechnung zu tragen. Ein vollständiger Egalitarismus, der allen Menschen ohne Rücksicht auf Begabungen, Fähigkeiten oder Herkunft die gleichen Pflichten und Rechte auferlegen will, ist in der Geschichte bereits mehrmals als unpraktikabel gescheitert.

Soll es wirklich gerecht genannt werden, wenn der Faule und der Fleißige, der Tüchtige und der Unnütze Gleichbehandlung erfahren?

Gleichermaßen haben sich Strukturen nicht bewährt, in denen einer Gesellschaftsschicht ungerechtfertigte Privilegien eingeräumt werden, denen keine entsprechenden Leistungen gegenüberstehen.

Bei dem Bemühen, bestimmte Verfahrensweisen auszuzeichnen, die man „gerecht" nennen will, könnten die Überlegungen von Rawls hilfreich sein. Siehe hierzu [15].

Der Grundgedanke besteht in der Überlegung, die Verfahrensweisen ohne Berücksichtigung der eigenen Interessen zu bewerten. Die Erwägungen sollen hinter dem Schleier der Unkenntnis (veil of ignorance) erfolgen. Der Entscheidende soll so urteilen, als müsse er die Verhältnisse für ein späteres, neues Leben festlegen, wobei er keine Kenntnis von seiner zukünftigen sozialen Stellung, aber auch nicht von seinen Fähigkeiten wie Intelligenz oder Körperkraft hat. Auf diese Weise könnte sichergestellt werden, dass sich keine Gruppe einen ungerechtfertigten Vorteil verschafft, weil man nicht weiß, ob man dann später nicht zu den Benachteiligten gehört. Dieses Prinzip nötigt jeden, auch das Wohl der anderen in angemessener Weise zu berücksichtigen. Man würde dann auch für die anderen so entscheiden, wie man es für sich selbst tun würde. Privilegien würden nur dann zugestanden, wenn sie für die Gemeinschaft, also auch für die Benachteiligten und Schwächeren von Vorteil wären.

Damit wird zugestanden, dass es Vorzüge und Privilegien geben muss. Gleichzeitig ergibt sich jedoch daraus, dass jegliche soziale und wirtschaftliche Ungleichheit nur dann gerechtfertigt ist, wenn sie jedem zugute kommt. Gerecht ist die Privilegierung Einzelner nur, wenn sie auch den Schwächsten nützt und ihre Wohlfahrt fördert.

Rawls zeigt eine Möglichkeit, wie man Gerechtigkeit definieren könnte und wie sich das Wort „Gerechtigkeit" sinnvoll gebrauchen ließe. Die Definition gibt jedoch keinen Hinweis, wie man im alltäglichen Leben Gerechtigkeit verwirklichen kann und insbesondere enthält sie keine Begründung, warum man gerecht sein soll.

In diesem Zusammenhang muss man sich der Herausforderung Nietzsches stellen, der Gerechtigkeit, soweit sie Gleichheit und Solidarität umfasst, als Versuch der Schwachen diskreditiert, die Starken zu gängeln, zu bändigen und ihnen das ihnen Zustehende vorzuenthalten. Durch angebliche Gerechtigkeit wird der Starke so gebunden wie Gulliver von den vielen kleinen Liliputanern, die ihn durch zahllose kleine Schnüre der sogenannten Gerechtigkeit fesseln. Aufgabe und Pflicht der Starken ist es nach Nietzsche, dass sich der Starke der Fesseln entledigt und die vielen kleinen Liliputaner dorthin verweist, wo sie hingehören, nämlich in eine dienende Position.

Wie wird man Nietzsches Vorstellungen argumentativ begegnen können? Auf diese Frage gibt auch Rawls keine befriedigende Antwort.

5.2 Die Dimensionen der Gerechtigkeit

Man kann drei Formen der Gerechtigkeit unterscheiden. Die Verteilungsgerechtigkeit bestimmt, wie viel und mit welcher Berechtigung jemand einen Anteil vom gemeinsamen Gut erhält. Die Beitragsgerechtigkeit sagt im Gegensatz dazu, welchen Beitrag der Einzelne zum gemeinsamen Gut zu leisten hat. Die Tauschgerechtigkeit legt fest, welchen Gegenwert man in angemessener Weise für die eigenen Leistungen und Güter beanspruchen kann.

Die europäische Geistesgeschichte hat drei Dimensionen der Gerechtigkeit entwickelt.
- Justitia distributiva (Verteilungsgerechtigkeit)
- Justitia commutativa (Tauschgerechtigkeit)
- Justitia generalis (Beitragsgerechtigkeit)

Die Justitia distributiva und die Justitia commutativa werden schon von Aristoteles eingeführt. Die Justitia generalis hat später Leibniz hinzugefügt. Grundlage und Ausgangssituation ist ein gemeinsames, jedoch knappes Gut.

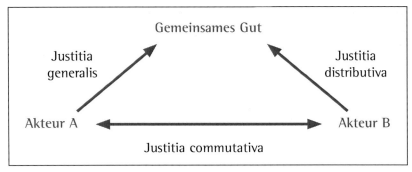

Man kann sich dieses gemeinsame Gut als großen Kuchen vorstellen. Die Justitia distributiva legt fest, nach welchen Gesichtspunkten dieses knappe Gut an all diejenigen verteilt werden soll, die darauf Anspruch haben. Es geht darum, jedem sein angemessenes Stück am Kuchen zuzuteilen.

Die Justitia commutativa bestimmt, unter welchen Umständen es gerecht ist, wenn die Beteiligten untereinander Güter austauschen. Falls ein Beteiligter sein Kuchenstück gegen ein anderes austauschen möchte, muss der Wert der Kuchenstücke verglichen werden.

Die Justitia generalis sorgt dafür, dass jeder Beteiligte seinen Anteil an der Erstellung, Beschaffung und Bewahrung des gemeinsamen Gutes leistet. Welchen Beitrag muss jeder Beteiligte als Einzelner leisten, um den Kuchen herzustellen?

Ein weiteres, etwas wirklichkeitsnäheres Beispiel ist die gesetzliche Krankenversicherung:

Die Justitia distributiva legt fest, welchen Leistungsanspruch jeder Einzelne hat. Ist es gerecht, wenn jedem alles in gleicher Weise ohne Ansehen der Person und der Umstände zusteht? Oder muss seine Bedürftigkeit berücksichtigt werden? Ist es gerecht, wenn ein Mensch z.B. jenseits eines gewissen Alters keine aufwändige Operation mehr erhält?

Die Justitia commutativa bestimmt, welcher Preis im Tauschgeschäft zwischen Patient und Arzt, zwischen Geld und Leistung für eine ärztliche Untersuchung angemessen ist.

Die Justitia generalis sorgt dafür, dass alle in gerechter Weise in die gesetzliche Krankenkasse einzahlen. Ist es gerecht, wenn alle den gleichen Beitrag leisten, oder müssen die Vermögenden nach dem Prinzip der Solidarität einen höheren Betrag einzahlen? Sollten Risikogruppen stärker belastet werden? Muss das persönliche Verschulden berücksichtigt werden, sodass z.B. für Raucher oder Fettleibige eine Sonderregelung gilt?

5.2.1 Das gemeinsame Gut

Das gemeinsame Gut, das zur Verteilung ansteht, beinhaltet nicht nur Geld. Es gehört alles dazu, was für die Beteiligten wertvoll und wichtig ist. Beispiele sind Wohlfahrt, Dienste aller Art, Sicherheit, Zugang zu Bildung und Gesundheit usw.

Ein grundlegendes Problem bei der praktischen Festlegung von gerechten Regelungen besteht in der Tatsache, dass der Wert vieler Güter nicht objektiv festgestellt werden kann und im persönlichen Empfinden der Betroffenen liegt. Das führt dazu, dass das, was als gerecht angesehen wird, sich nur über einen wie auch immer gearteten, allgemeinen Marktmechanismus ermitteln lässt. Dazu kommt, dass dann, wenn keine objektiven Maßstäbe existieren, vieles auf eine Machtfrage hinausläuft. Der Stärkere legt fest, wie die Verteilung erfolgen soll, und was demnach als „gerecht" zu bezeichnen ist.

Man sieht, dass die Forderung „Jedem das Seine" oder „Gleiche erhalten das Gleiche" nicht immer aufrecht zu erhalten ist und als Begründung von Gerechtigkeit nicht taugt. „Das Seine" gibt es an sich nicht. Es wird im Wettstreit der Interessen und auch auf Grund von Macht festgelegt. Ähnlich gibt es „Das Gleiche" nicht. Niemals sind zwei Menschen gleich. Welche Verschiedenheiten angenommen werden und welche Gleichheit akzeptiert wird, ist wiederum eine Frage der Vereinbarung, des Interessenwettstreits und der Macht.

5.2.2 Die Justitia distributiva

Gemeinsames Gut entsteht immer dann, wenn etwas in gemeinsamer Arbeit, unter Umständen unter Arbeitsteilung geschaffen wird.

Bereits im Tierreich entsteht auf diese Weise gemeinsames Gut. Wenn z.B. Löwen gemeinsam jagen und ein Zebra erlegen, so ist es durch den Instinkt der Tiere festgelegt, wie verteilt wird. Zuerst fressen die männlichen Löwen; der Rest bleibt den Weibchen.

Der Mensch, der sich von der Instinktbindung befreit hat, muss andere Wege und Verfahren ersinnen, um das gemeinsam erwirtschaftete Gut zu verteilen. Man kann sich vorstellen, dass das Problem der Verteilungsgerechtigkeit auch schon bei den frühen Menschen zu lösen war. Wie soll gemeinsam erlegtes Wild auf die Beteiligten verteilt werden? Es sind die bereits bekannten Fragen zu beantworten:

Wer gilt als gleich und soll daher gleichviel erhalten? Wer wird als anders empfunden und bekommt daher ein Privileg zuerkannt? Sollen diejenigen mehr erhalten, die schneller oder stärker sind? Oder spielt das Alter eine Rolle oder die Anzahl der zu versorgenden Familienmitglieder?

Was ist „das Seine"? Diese Frage wird besonders brennend, wenn das gemeinsame Gut über Arbeitsteilung geschaffen wurde. Wie viel bekommt der Anführer, wie viel die Treiber und wie viel diejenigen, die mit Pfeil und Bogen zu den Jägern gehören?

Es entsteht ein sozialer Konflikt. Zwei Lösungsmöglichkeiten scheiden aus:

- Objektive Bewertung des Beitrages

  Nur in ganz wenigen Fällen ist es möglich, objektiv zu bestimmen, welchen Beitrag der Einzelne bei der Beschaffung des gemeinsamen Gutes wirklich geleistet hat. Wer hat am Jagderfolg einen Beitrag messbarer Größe geliefert, der Grundlage für die Verteilung sein könnte? Der Anführer, die Treiber oder die Jäger? Was ist der Beitrag eines Einzelnen im Vergleich zu seinem Konkurrenten „wert"?

- Auflösung des Sozialverbandes

  Mitglieder des Sozialverbandes, die ihrer Meinung nach einen zu geringen Anteil erhalten haben, könnten sich entschließen, die Gruppe zu verlassen. Dieses Vorgehen verbietet sich jedoch sowohl für den Einzelnen wie auch für die Gruppe. Der Einzelne wäre ohne die Gruppe auf jeden Fall benachteiligt, weil er auf die Vorteile der Gruppenzugehörigkeit, z.B. auf den Vorteil der gemeinsamen Jagd, verzichten müsste. Die Gruppe hingegen wird unter Umständen ein wichtiges Mitglied verlieren, das durch seine Fähigkeiten zum gemeinsamen Erfolg beigetragen hat.

Man sieht, dass nur die soziale Auseinandersetzung in der Lage ist, eine Lösung zu finden.

Hierfür hat der westliche Kulturkreis das demokratische Verfahren als das leistungsfähigste entwickelt.

Es ist nicht sinnvoll, an eine höhere, an sich existierende Gerechtigkeit zu appellieren. Viel wichtiger ist es, die Sachverhalte als solche anzuerkennen und z.B. dafür zu sorgen, dass die sozialen Konflikte in einem vertretbaren, das Gemeinwohl nicht allzu stark beeinträchtigenden Verfahren gelöst werden.

Glücklicherweise wird im politischen und sozialen Alltagsleben auf diese Weise vorgegangen und auf eine philosophische Überhöhung verzichtet.

Das soeben beschriebene Grundmuster der Verteilungsgerechtigkeit ist von allgemeiner Bedeutung und wird überall dort angetroffen, wo gemeinsam an einem Gut gearbeitet wird, und wo im Anschluss festgelegt werden muss, wer welchen Anteil bekommt. Das gilt für alle

Ebenen und betrifft die Familie, den Verein, die Gemeinde, den Staat und die internationalen Beziehungen. Aus diesem Grund gehört die Gerechtigkeit zu den wichtigsten, aber auch umstrittensten Begriffen.

5.2.3 Justitia commutativa

Die Justitia commutativa betrifft die Beziehung zwischen zwei Akteuren, die Güter austauschen wollen. Hier geht es darum sicherzustellen, dass sich der Wert von Leistung und Gegenleistung entsprechen.

Wiederum ist es auch bei der Justitia commutativa nicht möglich, objektive Kriterien anzugeben, wann und unter welchen Umständen ein Tausch gerecht ist. Das liegt daran, dass die Wertschätzung eines Gutes von subjektiven, individuellen Faktoren abhängt, die sich nicht verallgemeinern lassen. Wenn jemand bei der Verteilung des Kuchens z.B. ein Stück Schwarzwälder Kirschtorte erhalten hat, viel lieber jedoch ein Stück Mohnkuchen gehabt hätte, wird er bereit sein, seine Kirschtorte relativ billig abzugeben, weil der Mohnkuchen für ihn persönlich einen höheren Wert darstellt als die Kirschtorte, obwohl die Herstellungskosten für die Kirschtorte z.B. deutlich höher sind als die Herstellungskosten für den Mohnkuchen.

In einer Zweierbeziehung lässt sich der Tauschwert relativ einfach bestimmen. So kommen zwei Interessenten in der Regel schnell zu dem Ergebnis, z.B. zwei Stück Kirschtorte gegen drei Stück Mohnkuchen zu tauschen. In diesem Fall liegt Gerechtigkeit vor, wenn sich beide Partner gemeinsam auf einen Wert geeinigt haben und sichergestellt ist, dass sie sich nicht in Bezug auf die Qualität des Gutes betrogen haben.

Etwas komplizierter liegt der Sachverhalt, wenn mehrere Interessenten miteinander in Tauschbeziehung treten und ein gewisser Konkurrenzdruck entsteht. Hier ist es der freie Markt, der im Abgleich von Angebot und Nachfrage festlegt, als wie wertvoll ein Gut empfunden wird und was man auszugeben bereit ist, um dieses Gut zu erhalten.

In der Regel wird jeder Teilnehmer am Tauschgeschehen nicht nur das eigene Bedürfnis in Rechnung stellen. So wird er z.B. sowohl bei seinem Angebot als auch bei seiner Nachfrage die Herstellungskosten, die berufliche Fertigkeit, den Bildungsstand usw. berücksichtigen. Erst eine gewichtete Kosten-Nutzen-Analyse wird letztendlich dazu führen, dass jemand den Wert eines Gutes für sich ganz subjektiv bestimmt und dann mit diesen Vorstellungen in ein Tauschgeschäft mit einem anderen eintritt, der ähnliche Überlegungen angestellt hat.

5.2.4 Justitia generalis

In einer organisierten Gesellschaft beruht der Beitrag, den die Mitglieder zum gemeinsamen Gut leisten, nicht auf Freiwilligkeit. Vielmehr kann jeder verpflichtet werden, seinen Anteil zu leisten. Die Justitia generalis legt fest, wie viel jeder einzelne aufzubringen hat. Probleme ergeben sich, wenn festgelegt werden muss, wie das geschehen soll.

Wie soll z.B. der Beitrag der einzelnen Beteiligten zum gemeinsamen Topf der Krankenversicherung festgelegt werden? Muss das Einkommen berücksichtigt werden, und wenn ja, bis zu welchem Grade? Sollen vielleicht Vermögenswerte berücksichtigt werden? Welche Bedeutung haben unter Umständen das Geschlecht, das Alter oder der derzeitige Gesundheitszustand? Gibt es eine Verbindung von Beitrag und Auszahlung? Das heißt, wer mehr einzahlt, erhält auch eine größere Leistung? Oder sollen umgekehrt Ehepartner und Kinder Leistungen aus dem Topf beziehen dürfen, ohne eingezahlt zu haben? Was muss hier bedacht werden, damit das Ergebnis allgemein als gerecht empfunden wird? Weitere Beispiele lassen sich unschwer finden.

Wie viele Jahre soll z.B. jemand zum Wehrdienst eingezogen werden, um auf diese Weise zum gemeinsamen Gut der Sicherheit und Verteidigung beizutragen? Wer kann davon ausgenommen werden? Wie lange muss unter Umständen ein Ersatzdienst sein? Warum sind in manchen Ländern Frauen vom Wehrdienst befreit? Wie misst und vergleicht man den Beitrag, den jeder leistet? Welche Vorgehensweise muss man wählen, damit allen Gerechtigkeit widerfährt und keiner das Gefühl hat, er bringe im Vergleich zu den anderen zu viel ein?

Auch für die Justitia generalis gibt es keine allgemein verpflichtende Lösung. Auch hier gibt es keine an sich existierende Gerechtigkeit. Vielmehr müssen die einzelnen Beteiligten kompromissfähig sein und in der Auseinandersetzung zu einer Lösung kommen.

5.3 Abgrenzungen

Es sind drei Gesichtspunkte, die im Zusammenhang mit der Gerechtigkeit betrachtet werden müssen.
Die Gerechtigkeit ist nicht gegen Missbrauch gefeit. Oft genug in der Geschichte wurden unter dem Deckmantel der Gerechtigkeit Eigeninteressen durchgesetzt.

Die Gerechtigkeit ist nichts Statisches, sondern muss sich immer wieder den Änderungen der gesellschaftlichen Umwelt anpassen. Die Gerechtigkeit steht oftmals im Konflikt mit Güte und Barmherzigkeit.

Gerechtigkeit muss gegen Missbrauch durchgesetzt werden. Sie muss sich den geänderten Anforderungen und Bedingungen anpassen. Sie muss in Form einer Güterabwägung ihre eigenen Grenzen gegenüber der Milde und der Menschlichkeit bedenken.

5.3.1 Der Missbrauch

Das Recht und die Gerechtigkeit stellen Ordnungsinstanzen dar, die dafür sorgen sollen, dass alle Mitglieder der Gesellschaft die Möglichkeit zur vollen Entfaltung ihrer Anlagen und zur Erfüllung ihrer Bedürfnisse erhalten, und ihnen damit der Weg zu einem sinnvollen und erfüllten Leben eröffnet wird. Die hierfür ersonnenen Einrichtungen und Verfahren sind nicht absolut gültig und in keinem ewigen Wer-

tehimmel verankert. Vielmehr sind sie eine Kulturleistung, die es immer wieder gegen Missbrauch und Verfall zu verteidigen gilt.

Eine Darstellung auf dem Sebaldusgrab in der Sebalduskirche in Nürnberg zeigt eine Justitia, die ihre Waage der Gerechtigkeit weggeworfen hat und ihren Rock hochzieht, sodass man etwas sieht, was sonst verborgen ist. Justitia wird hier als Hübscherin dargestellt; im damaligen Sprachgebrauch meint das eine Prostituierte. Daneben steht ein kleiner Putto, der auch nicht gerade den Eindruck macht, als symbolisiere er Überparteilichkeit, Interessenunabhängigkeit und Würde.

Die Darstellung erinnert an die mögliche Käuflichkeit des Rechts.

Die Macht, insbesondere in Zusammenhang mit der Verfolgung wirtschaftlicher Interessen ist immer wieder in Gefahr, das Recht und die

Gerechtigkeit den eigenen Vorstellungen und Wünschen anzupassen. Man muss nicht so weit gehen wie Marx, der behauptet, dass der kulturelle Überbau und damit auch das hier integrierte Rechtssystem ausschließlich zur Sicherung der Klassenstruktur und zur Bewahrung der Besitzverhältnisse dienen. Ein Blick in die Geschichte lehrt jedoch, dass die Macht immer wieder die Möglichkeit genutzt hat, die Rechtsverhältnisse so zu gestalten, dass Partikularinteressen bedient werden und das Allgemeinwohl aus dem Blick kommt.

Es muss daher sichergestellt werden, dass ein Machtmissbrauch weitgehend ausgeschlossen ist. Das Verfassungsrecht enthält die hier zuständigen Bestimmungen. So ist z.B. die Gewaltenteilung ein wichtiger Grundsatz unter mehreren.

5.3.2 Die Gerechtigkeit und die Dynamik der gesellschaftlichen Verhältnisse

Es ist offensichtlich, dass sich die gesellschaftlichen Verhältnisse ändern. Damit ist verbunden, dass sich auch die Verfahren und Vorstellungen der Gerechtigkeit ändern müssen, um unter den neuen Gegebenheiten das Ziel einer gerechten Ordnung aufrecht erhalten zu können.

Die Anpassung der gerechten Ordnung an die sich ändernden Verhältnisse kann nicht theoretisch oder abstrakt geschehen. Ideologien, die das versucht haben, sind gescheitert. Vielmehr muss man aus praktischer Erfahrung heraus immer wieder prüfen, welche Änderungen praktikabel sind und zum gewünschten Ziel führen. Poppers Vorstellungen vom *piecemeal engineering* weisen in die richtige Richtung.)Siehe hierzu [16])

5.3.3 Gerechtigkeit, Güte und Barmherzigkeit

Thomas von Aquin sagt:
Gerechtigkeit ohne Barmherzigkeit ist Grausamkeit.

Gleichzeitig sagt er jedoch auch:
Barmherzigkeit ohne Gerechtigkeit ist die Mutter der Auflösung.

Diese Gegenüberstellung macht deutlich, dass es kein Patentrezept gibt, das angeben könnte, unter welchen Umständen Gerechtigkeit um der

Ordnung willen gefordert ist, und wann die Barmherzigkeit um der Menschlichkeit willen Vorrang haben soll. Hier ist immer eine persönliche Entscheidung erforderlich, die die Gratwanderung zwischen Grausamkeit und Auflösung bewältigen muss.

6 Die Tugenden und ein sinnvolles Leben

Die Tugenden erheben den Anspruch, Einstellungen und Verhaltensweisen anzugeben, die zu einer guten Ordnung als Voraussetzung für ein gelungenes und erfülltes Leben führen. Kein strenges Sittengesetz und kein kategorischer Imperativ fordern Befolgung, kein Vatergott verlangt Gehorsam und droht bei Übertretungen mit Höllenstrafen. Auch kein ewiger Wert erwartet Verwirklichung.

Die Weisheit bemüht sich um Weltwissen, Ich-Erfahrung und Transzendenzbewusstsein. Sie hilft bei der Entscheidung, welches Lebensziel sinnvoll ist und auf welche Weise man dieses Lebensziel erreichen kann.

Die Mäßigkeit soll den Menschen in den Stand setzen, mit Selbstbeherrschung das Leben nach eigenen Vorstellungen auszurichten.

Die Tapferkeit hilft, die erkannte gute Ordnung gegen die eigene Angst und gegen die Widrigkeiten der Umwelt aufrecht zu erhalten.

Die Gerechtigkeit geht von der Überzeugung aus, dass jeder Mensch sich nur in einer geordneten und friedvollen Umgebung entwickeln kann. Sie sorgt dafür, dass die Verteilung von Lasten und Belohnung, von Pflichten und Rechten so erfolgt, dass sich niemand über Gebühr benachteiligt fühlen kann.

Die Tugenden haben also nichts mit moralinsaurem Entsagen zu tun. Befreit vom Makel der grauen Freudlosigkeit und des bitteren Verzichts und unabhängig von den sittenstrengen Forderungen eines einschränkenden Über-Ich können sie die Grundlage für ein sinnvolles und erfülltes Leben bieten. Damit sind sie auch in der gegenwärtigen, säkularen Zeit vorzeigbar. Ihre Wiederbelebung scheint möglich, aber auch erforderlich zu sein.

Vielleicht muss man sie nur entstauben, um ihre Relevanz auch für die gegenwärtige Zeit deutlich zu machen.

Anhang
Eine naturalistische Handlungstheorie und die Gestaltung des eigenen Lebens

Eine Anthropologie als Grundlage der Ethik im Allgemeinen und der Lebensführung im Besonderen muss nach der Natur des Menschen fragen. Eingebunden ist in diesem Zusammenhang eine Handlungstheorie, die besagt, welche Handlungen möglich sind, welche Beweggründe und Ursachen zu Handlungen führen und wie Handlungen unter Umständen beeinflusst und gestaltet werden können.

Immer dann, wenn man sich mit dem Sinn des Lebens beschäftigt, kommt man um die Frage nicht herum, was der Mensch ist und was das Menschsein ausmacht. Jede Ethik ist daher in eine Anthropologie eingebunden. Es geht hier um ein Menschenbild bzw. um ein Modell des Menschen, das umfassend genug ist, um allgemeine Aussagen machen zu können.

Was ist der Mensch? Gibt es so etwas wie das Wesen des Menschen, das eine Kunst der Lebensführung berücksichtigen und in Rechnung stellen muss? Dabei ergeben sich Fragen wie die folgenden: Inwieweit muss eine Kunst der Lebensführung die eigenen Anlagen berücksichtigen? Kann es auch sein, dass die eigene Lebensgestaltung den natürlichen Anlagen nicht entspricht, sondern eigene, davon unabhängige Werte und Zielvorstellungen entwickelt? Und wenn das der Fall ist, wie ist das zu denken und wie kann das möglich sein?

1 Die Natur des Menschen

Man muss zunächst fragen, ob der Versuch, die Natur und das Wesen des Menschen zu bestimmen und zu verstehen, zu einem Ergebnis führt und nicht Hybris ist.

Pascal sagt in seinen Pensées:

Was für eine Chimäre ist also dieser Mensch! Wunder, Wirrnis, Widerspruch!
Richter über alle Dinge, ohnmächtiger Erdenwurm, Dunkelkammer der Ungewissheit, Glorie und Schmach des Weltalls:

Wenn er sich rühmt, will ich ihn erniedrigen; wenn er sich erniedrigt, will ich ihn rühmen; und so lange will ich ihm widersprechen, bis er begreift, dass er unbegreiflich ist.

Es sind im Wesentlichen drei Argumente, die zweifelhaft erscheinen lassen, ob es überhaupt allgemeine Eigenschaften des Menschen gibt, die sich zu seinem Wesen zusammenfassen lassen.

Einmal kann man die außerordentliche Komplexität des Menschen und seines Verhaltens anführen, die einem Verständnis im Wege stehen und es unter Umständen ganz unmöglich machen.

Zum zweiten muss man sehen, dass die Menschen eine große, individuelle Breite in den Eigenschaften und im Verhalten aufweisen. Die Menschen sind untereinander so verschieden, dass es schwer fällt anzunehmen, dass es so etwas wie ein allgemeines, allen gemeinsames Wesen geben soll.

Und drittens wird der Mensch durch seine Umwelt geformt. Es gibt z.B eine radikale Anthropologie, die davon ausgeht, dass der Mensch bei seiner Geburt ein weißes Tuch ist und dass er ausschließlich durch die Sozialisation zu dem gemacht wird, was er letztendlich ist. Auch wenn man diesen extremen Standpunkt nicht teilt, muss man zugestehen, dass das menschliche Wesen durch äußere Umstände geprägt wird. Kann es sein, dass diese Prägung so weit geht, dass sein natürliches Wesen gänzlich unterdrückt und verschüttet wird?

Diese drei Fragen müssen zufrieden stellend beantwortet werden, wenn man nicht naiv und blauäugig der Illusion nachjagen will, eine das Wesen des Menschen berücksichtigende, humanistische Ethik zu entwickeln. Vielleicht sind die Argumente, die gegen einen vorsichtigen Essentialismus sprechen, doch nicht überzeugend?

1.1 Die Komplexität menschlichen Verhaltens

Das menschliche Verhalten wird durch eine Vielzahl von Einflussgrößen bestimmt, die dazu noch in sehr komplexen Wechselwirkungen zueinander stehen.

Einige willkürlich zusammengestellte Beispiele sollen erläutern, dass es zunächst nicht selbstverständlich ist, von einem versteh- und erkennbaren menschlichen Wesen auszugehen.

- Eigene Erfahrungen und Erlebnisse
  Das gegenwärtige, aktuelle Verhalten eines Menschen wird sicherlich von seiner Lebensgeschichte, von den Erfahrungen und Erlebnissen, die er gemacht hat, beeinflusst. Frühe Kindheitserlebnisse gehören ebenso dazu wie bewusst gelernte Informationen über die Umwelt.

- Soziale Normen und Rollenerwartungen
  Jeder Mensch folgt in gewissen Grenzen den Normen und den Rollenerwartungen, die von der Gesellschaft an ihn herangetragen werden. Diese Anforderungen können in Konflikt mit den eigenen, individuellen Wünschen, Plänen und Zielvorstellungen stehen.

- Das Unbewusste
  Ein Mensch ist sich sehr oft seiner eigenen Handlungen nicht bewusst. Immer wieder reagiert oder agiert er in einer Weise, die ihn selbst überrascht und die er so von sich nicht erwartet hätte.

- Widerstreitende Motive
  In Konfliktsituationen wird der einzelne Mensch von unterschiedlichen Motiven hin- und hergezogen, die sich widersprechen und miteinander im Kampf liegen. Soll er z.B. im Kant'schen Sinne seiner Pflicht genügen oder lieber seinen Neigungen nachgeben?

- Menschliche Freiheit
  Muss man nicht den freien Willen berücksichtigen, der den Menschen in Stand setzt, selbst zu entscheiden, was er tun will, wem er vertrauen möchte, welche Rollen er einzunehmen gedenkt und welchen Normen er folgen möchte, ganz unabhängig von äußeren Einflüssen und Anregungen, nur auf Grund seiner eigenen Persönlichkeit und seiner eigenen freien Entscheidung?

- Erleben und Erfahren von Kunst
  In der Kunst hat der Mensch Zugang zu einer Erlebnis- und Erfahrungswelt, die sich dem rationalen Zugriff entzieht. Beethoven vermerkt in seinem Tagebuch: „Die Musik ist höhere Offenbarung als alle Weisheit und Philosophie."

Ist der Mensch wirklich unbegreiflich? Oder lässt er sich zumindest in Grenzen soweit rational verstehen, dass sich Fragen nach seinem Wesen beantworten lassen? Lässt sich nicht vielleicht doch ein allgemein gültiges Menschenbild entwerfen, das überindividuelle Eigenschaften heraushebt und das damit von einer Ethik berücksichtigt werden muss?

1.2 Die Erklärungen der Wissenschaften

Wenn es um das Verstehen menschlichen Verhaltens geht, sollte man bedenken, dass die Wissenschaften für Teilbereiche bereits ausgezeichnete Modelle des Menschen und seines Verhaltens erarbeitet haben.

Die Physiologie entwickelt sehr detailgetreue und aussagekräftige Modelle der menschlichen Physis und ihres Verhaltens unter wechselnden Umständen. Es ist möglich, physikalische und chemische Vorgänge innerhalb des menschlichen Körpers zu modellieren, zu verstehen und vorherzusagen. Die Neurophysiologie bemüht sich zur Zeit, das Gehirn als das komplexeste System im Inneren des Menschen zu verstehen.

In vergleichbarer Weise versucht die Psychologie Modelle des menschlichen Seelenlebens zu entwickeln, die ein vertieftes Verständnis für interne Vorgänge zeigen. Hierzu zählen einmal die Bemühungen um kognitive Aspekte wie Intelligenz, Lernen, Gedächtnis, Vorstellungsvermögen usw. Weiterhin kommt dazu die Arbeit um das Verständnis der emotionalen Dynamik in ihrer gesunden und krankhaften Ausprägung.

Auch die Soziologie arbeitet mit Modellen und versucht, menschliches Verhalten in seiner nicht-individuellen, das heißt in seiner gemeinschaftsbezogenen Form zu verstehen. Soziologische Modelle untersuchen z.B. die Entwicklung, Weitergabe und Durchsetzung von Normen oder die Ausgestaltung von Rollen. In beiden Fällen handelt es sich um die Bestimmung menschlichen Verhaltens in sozialen Gruppierungen.

Würde man den Erklärungswert und die Prognosefähigkeit dieser Modelle in Zweifel ziehen, könnten die Physiologie, die Psychologie oder die Soziologie ihre Arbeit einstellen. Niemand würde einen derartigen Anspruch vertreten wollen.

Die bisherigen Überlegungen haben gezeigt, dass es ganz offensichtlich möglich ist, den Menschen zumindest in Teilbereichen zu verstehen und sein Verhalten vorhersagbar zu machen. Es gibt Eigenschaften und Verhaltensweisen, die trotz ihrer Komplexität nachvollziehbar und verstehbar sind.

1.3 Die Individualität der Menschen

Natürlich sind die Menschen in vieler Hinsicht verschieden. Es ist jedoch offensichtlich, dass es trotz dieser Verschiedenheit Eigenschaften und Verhaltensweisen gibt, die alle Menschen gemeinsam haben.

Alle Menschen haben Bedürfnisse, die sich sehr ähnlich sind. Hierzu gehört z.B. das Bedürfnis nach Nahrung oder Sexualität, nach Schutz und Sicherheit, nach Liebe und Zuneigung, nach Wissen und Orientierung.

Diese Bedürfnisse sind zwar bei unterschiedlichen Menschen unterschiedlich stark ausgeprägt und machen dadurch einen Teil ihrer Individualität aus; diese Ausprägungen bewegen sich jedoch in einem vergleichsweise engen Rahmen. Es ist gerade die Gleichartigkeit selbst, die für diese Tatsache blind macht und die nur noch die jeweiligen Unterschiede in den Blick kommen lässt.

Auch wenn man nicht an die idealtypischen Vorbilder im Sinne Platos oder an eine Wesensschau glaubt, lässt sich die Natur oder das Wesen des Menschen ermitteln. Auf Aristoteles geht die empirische Bestimmung zurück, die aus dem Vergleich von mehreren Exemplaren die wesentlichen Eigenschaften herausfiltert und die individuellen Eigenschaften als zufällig und akzidentiell beiseite lässt. Aristoteles wählt als Beispiel die Bestimmung des Pferdes an sich. Obwohl alle Pferde verschieden sind, kann man durch sorgsames Vergleichen so etwas wie die Natur oder das Wesen des Pferdes ermitteln.

Eine zusätzliche Überlegung stellt fest, dass die Forderung nach der artgerechten Haltung von Tieren wie selbstverständlich von der Annahme ausgeht, dass es trotz der sicherlich beobachtbaren Verschiedenheit der Angehörigen einer Art dennoch eine allen gemeinsame Natur gibt, die es zu berücksichtigen gilt.

Dieses methodische Vorgehen ist natürlich in angepasster Weise auch für die Bestimmung der Natur des Menschen gültig.

Aus dieser Überlegung folgt, dass die Individualität des Menschen nicht notwendig ein Grund ist, an der Natur des Menschen und ihrer Erkennbarkeit zu zweifeln.

1.4 Die Prägung des Menschen durch Umwelt und Gesellschaft

Es ist offensichtlich, dass der Mensch durch Umwelteinflüsse und durch die Sozialisation innerhalb der Gesellschaft geformt und unter Umständen auch verformt werden kann. Es ist überraschend zu sehen, wie anpassungsfähig der Mensch ist und zu wie viel unterschiedlichen Lebensweisen er fähig sein kann. Diese Prägbarkeit muss jedoch nicht unbedingt ein Argument gegen die Möglichkeit sein, dass es eine Natur des Menschen gibt.

Zahlreiche Untersuchungen haben festgestellt, dass es eine Reihe von Verhaltensweisen gibt, die sich identisch bei Angehörigen unterschiedlicher Kulturkreise finden lassen und die sich nur schwerlich durch Prägung und Sozialisation erklären lassen. Hier handelt es sich offensichtlich um genetisch festgelegtes Verhalten, das zum Wesen des Menschen im Allgemeinen gehört.

Ein Beispiel ist die Art und Weise, wie Erwachsene, besonders Mütter auf kleine Kinder reagieren. Das sogenannte Kindchenschema funktioniert überall und ist ganz offensichtlich ein Wesenszug, der zur Natur des Menschen gehört.

Ein weiteres Beispiel betrifft die Art und Weise, wie alle Menschen in ähnlicher Weise in der Lage sind, Gesichtsausdrücke zu interpretieren und daraus auf den emotionalen Zustand zu schließen.

Sicherlich trifft die Alltagsweisheit zu, dass sich die Persönlichkeit eines Menschen aus Anlage und Umwelteinflüssen herausbildet. Es scheint jedoch möglich zu sein, die beiden Aspekte zu trennen und zumindest einige, ganz wesentliche und grundsätzliche Eigenschaften des Menschen zu bestimmen, die auf jeden Fall vorhanden sind, auch wenn sie gelegentlich durch Umwelteinflüsse und Sozialisation verdeckt werden.

Die Prägbarkeit des Menschen durch Umwelteinflüsse und Sozialisation scheint nicht auszuschließen, dass es so etwas wie eine Natur und ein Wesen des Menschen gibt, wie schwierig und wie fehleranfällig deren Bestimmung auch sein mag.

2 Menschliches Verhalten

Ethisches Verhalten hat immer mit menschlichen Handlungen zu tun. Es ist daher unabdingbar, zunächst einmal zu bedenken, welche Formen menschlichen Verhaltens es gibt, wie sie zustande kommen, durch welche Motive sie gesteuert werden und welche Auswahlmechanismen letztlich dazu führen, dass sie zur Ausführung kommen.

Ganz grundsätzlich wird an dieser Stelle ein so genannter I-S-O (Input, State, Output)-Ansatz verfolgt. Diesem Ansatz zufolge ist der Ausgangspunkt des menschlichen Handelns der Zustand des Organismus. Hierzu zählen auch seine Einsichten, Erkenntnisse, seine Wünsche und Zielvorstellungen. Dieser Zustand kann durch äußere Einwirkungen oder durch interne Prozesse verändert werden. Diese Veränderungen bewirken dann einen Handlungsdrang, dem man unmittelbar folgen kann. Es gibt jedoch auch die Möglichkeit, diesen Handlungsdrang willentlich zu beeinflussen.

Als einfaches Beispiel kann man sich den Nahrungsbedarf des Körpers als internen Zustand vorstellen. Der Nahrungsbedarf wird auf Grund interner Prozesse langsam zunehmen. Es wird sich daraufhin ein Hungergefühl entwickeln, das man als unangenehm empfindet. Man wird Handlungen überlegen, die hier Abhilfe schaffen. Diese Handlungen müssen jedoch nicht unbedingt ausgeführt werden. Man kann sich mit seinem Willen vornehmen, anderen Handlungen den Vorzug zu geben.

Die allgemeinen Überlegungen des I-S-O-Ansatzes müssen genauer dargestellt werden. Hierzu ist es erforderlich, die weit gefächerte Vielfalt menschlicher Handlungen im Einzelnen zu untersuchen, zu klassifizieren und begrifflich zu fassen.

Zunächst kann man Handlungen danach unterscheiden, ob sie sich auf die äußere Umwelt oder auf die eigene Person beziehen.

Weiterhin muss geklärt werden, auf welche Weise menschliches Verhalten bestimmt und verursacht wird. Als handlungswirksame Ursachen kommen Bedürfnisse und bewusste Zielvorstellungen infrage. Aus diesen Überlegungen dürfen jedoch auch krankhafte Reaktionen und Sucht nicht ausgeschlossen werden.

In einem dritten Schritt sind die Modi oder die Typen von Verhalten festzulegen. Man kann reaktives, unbewusstes, erlerntes und deliberatives Verhalten unterscheiden.

Abschließend ist zu untersuchen, nach welchen Gesichtspunkten Handlungen wirklich ausgeführt werden. Das ist besonders bedeutsam, da in der Regel mehrere Motive miteinander in Wettbewerb stehen. In diesem Zusammenhang gewinnt auch der Wille Bedeutung, der Handlungen bewusst und gezielt modifizieren bzw. nach eigenen Vorstellungen ausführen kann.

2.1 Handlungswirksame Ursachen

Als Ursachen, die Handlungen bewirken, auslösen oder in Gang setzen, kann man Bedürfnisse und bewusste Zielvorstellungen bestimmen.

Handlungen können sich einmal auf die Umwelt beziehen. In ganz unterschiedlicher und vielfältiger Weise sind Menschen in der Lage, auf ihre Umwelt einzuwirken, sie zu verändern und zu gestalten.

In vergleichbarer Weise können sich Handlungen auch auf die eigene Person richten. Solange diese Handlungen den äußeren Körper betreffen, ist das sofort einsichtig. Man kann sich z.B. waschen oder kämmen.

Interessanter und komplexer sind Handlungen, die das Innere des Menschen beeinflussen und verändern. So kann man z.B. versuchen, die eigenen Bedürfnisse zu modifizieren, seine Emotionen zu beherrschen oder durch Überlegen oder Nachdenken sein Weltbild und die Vorstellungen vom eigenen Ich zu gestalten. Auch diese Aktivitäten sollen unter den Begriff Handlungen subsumiert werden.

Als Ursachen, die Handlungen bewirken, auslösen oder in Gang setzen, kann man Bedürfnisse und bewusste Zielvorstellungen bestimmen.

In Fällen, in denen Bedürfnisse bedeutsam sind, gewinnen angenehme oder unangenehme Empfindungen eine Rolle. Im Normalfall wird das menschliche Handeln bemüht sein, unangenehme Empfindungen zu vermeiden und im Gegensatz dazu angenehme Empfindungen zu suchen. Es gilt das Unlust-Lust-Prinzip.

Allerdings ist der Mensch in Grenzen in der Lage, sich vom Unlust-Lust-Prinzip zu befreien und sich auf Grund seines Willens darüber hinwegzusetzen. Er kann dann Handlungen ausführen, die übergeordneten, bewusst gewählten Zielvorstellungen entsprechen.

2.1.1 Bedürfnisse

Bedürfnisse sind im Menschen in natürlicher Weise angelegte Bestrebungen, die dann, wenn sie nicht erfüllt sind, zu einem als negativ erlebten Unlustgefühl führen, und deren Befriedigung in der Regel mit einem Lustempfinden verbunden ist.

Zum Beispiel ist das Bedürfnis nach Nahrung ein allgemein menschliches Verlangen. Ist die Nahrungsaufnahme nicht möglich, wird ein unangenehmes Hungergefühl die Folge sein. Man versucht, sich von diesem unangenehmen Gefühl zu befreien, indem man nach Wegen sucht, Nahrung zu finden und den Hunger zu stillen.

Die menschlichen Bedürfnisse sind sehr vielfältig. Sie lassen sich wie folgt unterteilen:

- Physische Bedürfnisse
  Zu den physischen Bedürfnissen zählen zunächst all die Faktoren, die zur Aufrechterhaltung des Lebens erforderlich sind. Hierzu gehören z.B. das Bedürfnis nach Nahrung, Flüssigkeit, Wärme, frischer Luft, Sexualität, Schlaf und Ruhe.

- Emotionale Bedürfnisse
  Zu den emotionalen Bedürfnissen zählen z.B. die Freiheit von Angst, Trauer oder Minderwertigkeit, das Gefühl der Sicherheit und Geborgenheit und das Bewusstsein des eigenen Wertes.
- Soziale Bedürfnisse
  Jeder Mensch braucht die Gesellschaft der anderen. Alleinsein wird auf die Dauer als unerträglich empfunden. Dazu kommt der Wunsch, beachtet, anerkannt und geliebt zu werden. Man möchte ein Dazugehörigkeitsbewusstsein ausbilden und in der Gesellschaft z.B. Vertrauen genießen.
- Kognitive Bedürfnisse
  Hierzu zählt das Bedürfnis nach Wissen, Erkenntnis und Neuem. Auch ästhetische Bedürfnisse wie der Wunsch nach Schönheit und Ordnung gehören dazu. In einem höheren Sinn muss man auch das Bedürfnis nach Weltorientierung und Lebenssinn dazurechnen.

2.1.2 Die Maslowsche Bedürfnispyramide

Maslow ordnet die menschlichen Bedürfnisse in Form einer Pyramide an. Neben den elementaren Bedürfnissen, die allen Lebewesen gemeinsam sind, gibt es auch Bedürfnisse, die den Menschen auszeichnen. Hierzu gehört z.B. das Bedürfnis nach Selbstverwirklichung und Transzendenz. Siehe hierzu [18].

Man sieht, dass auch Maslow das Streben nach einem erfüllten Leben zu den Bedürfnissen des Menschen zählt. Der Mensch ist also nicht nur naturverhaftetes Triebwesen, sondern er kann als Kulturwesen seinem Leben auch einen Sinn geben und es nach eigenen Vorstellungen gestalten.

Maslow geht davon aus, dass zunächst die in der Hierarchie darunter liegenden Bedürfnisse befriedigt werden müssen, bevor eine Erfüllung der höherwertigen Bedürfnisse möglich ist. Solange das als Regel und nicht als Gesetz verstanden wird, ist diese Vorstellung nicht unplausibel.

Die Bedürfnisse nach Selbstverwirklichung oder Transzendenz werden zurückstehen müssen, wenn man Hunger hat. Es gilt Brechts Satz:

Erst kommt das Fressen, dann die Moral.

Ausnahmen bestätigen die Regel. Es wird sich insbesondere zeigen, dass der Mensch durchaus in der Lage ist, bewusst und willentlich bis zu einem gewissen Grade elementare Bedürfnisse zurückzustellen um sich Bedürfnissen, die in der Pyramide weiter oben stehen, zuzuwenden.

Transzendenz
Spirituelle Bedürfnisse, sich mit dem Kosmos in Einklang zu fühlen.

Selbstverwirklichung
Bedürfnis, das eigene Potential auszuschöpfen, bedeutende Ziele zu haben.

Ästhetische Bedürfnisse
Bedürfnisse nach Ordnung, Schönheit.

Kognitive Bedürfnisse
Bedürfnisse nach Wissen, Verstehen, nach Neuem.

Selbstwert
Bedürfnisse nach Selbstwertgefühl, Vertrauen und Anerkennung von anderen.

Bindung
Bedürfnisse nach Zugehörigkeit, Verbindung mit anderen, zu lieben und geliebt zu werden.

Sicherheit
Bedürfnisse nach Sicherheit, Behaglichkeit, Ruhe, Freiheit von Angst.

Biologische Bedürfnisse
Bedürfnisse nach Nahrung, Wasser, Sauerstoff, Ruhe, Sexualität, Entspannung.

Die Maslowsche Bedürfnispyramide

2.1.3 Die 16 elementaren Bedürfnisse nach Reiss

Reiss kennt insgesamt 16 elementare Bedürfnisse, die er gleichrangig in einer Ebene anordnet. Siehe hierzu [19]. Es sind die folgenden:

Power Machtstreben	Serving Sparsamkeit	Family Familiensinn	Eating Essen
Curiosity Neugier	Honor Ehrbedürfnis	Status Sozialstatus	Physical Activity Körperliche Betätigung
Acceptance Anerkennung und Beachtung	Idealismus Idealismus	Vengeance Aggressivität	Tranquility Ruhebedürfnis
Order Ordnungssinn	Social Contact Sozialkontakt	Romance Bedürfnis nach Schön- heit	Independence Unabhängig- keits- streben

Wichtig ist bei Reiss, dass die verschiedenen Bedürfnisse bei ihm in unterschiedlicher Stärke auftreten und damit die Persönlichkeit charakterisieren. Auf diese Weise lässt sich ein Persönlichkeitsprofil erstellen. Die Alltagserfahrung zeigt, dass es in der Tat Menschen gibt, denen z.B. die elementaren Bedürfnisse die wichtigsten sind und die nicht bereit sind, um höherer Bedürfnisse willen irgendwelche Einschränkungen in Kauf zu nehmen. Im Gegensatz dazu kennen wir Menschen, die auf vieles verzichten, um kognitive Bedürfnisse wie z.B. das Bedürfnis nach Wissen oder Schönheit erfüllen zu können.

Als Beispiel für ein Persönlichkeitsprofil zeigt die nachfolgende Darstellung die unterschiedlichen Bedürfnisstärken eines Studenten. Dieser Student zeichnet sich durch ein hohes Maß an Neugier und Idealismus aus. Im Gegensatz dazu scheint er ein Mensch zu sein, der wenig von Ordnung hält und über kein ausgeprägtes Ruhebedürfnis verfügt.

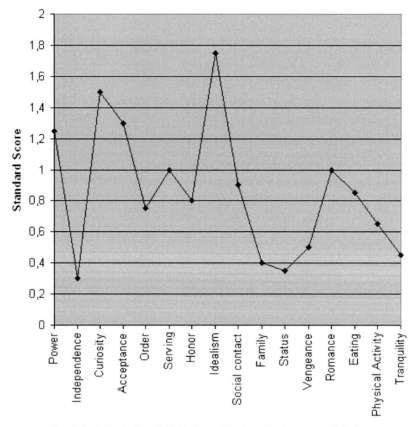

Das beispielhafte Persönlichkeitsprofil eines Studenten nach Reiss

2.1.4 Bewusste Zielvorstellungen

Es wurde bereits festgestellt, dass das Versagen von Bedürfnissen mit einem Unlustgefühl verbunden ist, während die Erfüllung als Lust empfunden wird. Solange sich der Mensch bei seinen Handlungen ausschließlich an seinen Bedürfnissen orientiert, verfolgt er eine Strategie der Unlustvermeidung und der Lustmaximierung. Im Alltagsleben erleben wir unausgesetzt Situationen, in denen wir erwägen, welche Handlung wohl zu mehr Lust und Freude bzw. zu weniger Verdruss, Ärger oder Missvergnügen führt.

Der Hedonismus beschränkt sich bei seinen Überlegungen auf die eher niedrigen Bedürfnisse.

Seine Maxime könnte lauten:

Iss und trink, meine liebe Seele, denn morgen bist du tot.

Der Eudaimonismus konzentriert sich ebenfalls auf die Bedürfnisse, berücksichtigt jedoch auch höhere Bedürfnisse und verlangt den gelegentlichen Verzicht um eines erstrebenswerteren Zieles willen.

Nun ist der Mensch in der Lage, sich von seinen Bedürfnissen zu lösen und eigene Zielvorstellungen zu entwickeln, die nichts mehr mit dem Lust- bzw. Unlust-Prinzip zu tun haben. Sehr häufig wird hierfür eine weltanschauliche Gebundenheit bedeutsam sein, die einen eigenen Sinn und eine vom Unlust-Lust-Prinzip freie Lebensform vermitteln will. Beispiele sind die Opferbereitschaft für die Familie, die Gesellschaft oder den Staat. Auch religiöse Überzeugungen gehören hierher.

Handlungen, die sich nicht ausschließlich an den Bedürfnissen orientieren, sondern eigene, frei gewählte Zielvorstellungen berücksichtigen, sind nur dem Menschen als dem am höchsten entwickelten Lebewesen möglich.

2. 2 Die Verhaltensmodi

Man kann reaktives, unbewusstes, erlerntes und deliberatives Verhalten unterscheiden. Diese vier Modi des Verhaltens haben sich schrittweise im Lauf der Evolution entwickelt. Jeder Schritt bezeichnet eine zusätzliche Erweiterung der Möglichkeiten und führt zu einer verbesserten Anpassung und damit zu einer Erhöhung im Wettbewerb um das Überleben.

Einige Verhaltensmöglichkeiten sind in unterschiedliche Weise willentlich beeinflussbar und machen daher in unterschiedlicher Weise Selbstbeherrschung und Selbstkontrolle möglich. Es ist nützlich, sich zu vergegenwärtigen, wo und auf welche Weise man Einflussmöglichkeiten auf das eigene Verhalten hat.

2.2.1 Reaktives Verhalten

In diesen Bereich fällt Verhalten, das festen Regeln folgt und für das keine Denkprozesse erforderlich sind und das sich der bewussten Kontrolle entzieht. Reaktives Verhalten beschränkt sich auf ein einfaches Reiz – Antwort – Schema. Auf einen bestimmten Reiz hin reagiert man automatisch mit einer dazugehörigen Antwort. Im Tierreich ist diese Verhaltensweise die vorherrschende.

Auch Menschen unterliegen reaktivem Verhalten. Einige Beispiele mögen das zeigen:

- Ein Schlag mit einem Hämmerchen auf das Knie führt zum Patellareflex
- Ein weinendes Kind wird bei der Mutter instinktiv eine Schutzreaktion auslösen
- Auf Grund eines starken äußeren Reizes wie z.B. ein lautes Geräusch wird eine so genannte Orientierungsreaktion bewirkt.

Man sieht, dass reaktives Verhalten willentlich nicht zu beeinflussen ist.

2.2.2 Unbewusstes Verhalten

Man beobachtet immer wieder, dass man sich in ganz bestimmten Situationen in einer Weise verhält, die man selbst von sich nicht erwartet hätte und für die man zunächst auch keine rationale Erklärung geben kann. Besonders offenkundig ist dieser Sachverhalt in psychopathologischen Fällen. Waschzwang oder Phobien sind Beispiele. Aber auch im Alltagsleben kommt dergleichen immer wieder vor.

Auch in diesem Fall ist eine willentliche Beeinflussung der Handlungen wohl kaum möglich.

2.2.3 Erlerntes Verhalten

Es besteht ein Unterschied zwischen dem genetisch fest programmierten Verhalten (wie z.B. dem Patellareflex) und dem gelerntem Verhalten. Auch gelerntes Verhalten läuft automatisch ab. Es ist jedoch durch äußere Einflüsse, z.B. durch Erziehung, beeinflussbar und kann daher auch verändert und angepasst werden. Beispiele für erlerntes Verhalten wären z.B. die folgenden:

- Sobald ein Autofahrer vor sich ein spielendes Kind auf der Straße sieht, wird er automatisch auf die Bremse treten.
- Beim Essen wird man, eine gute Erziehung vorausgesetzt, ohne langes Nachdenken zu Messer und Gabel greifen.
- Wenn man freundlich gegrüßt wird, wird man den Gruß erwidern.

Erlerntes Verhalten lässt sich nur durch Erziehung und Gewöhnung in einem langfristigen Prozess aneignen bzw. ändern. Die Pädagogik und die psychologische Verhaltenstherapie versuchen, Wege hierfür anzugeben.

Man darf erlerntes Verhalten, das zur Gewohnheit geworden ist, in seiner Bedeutung nicht unterschätzen. Eine sorgsame Beobachtung zeigt, dass fast alle Handlungen im täglichen Leben auf diese Weise ablaufen und man sich fast immer darauf verlässt. Wenn z.B. am Morgen der Wecker klingelt, wird ohne besondere Überlegung und ohne gesondertes Nachdenken eine vorgegebene Folge von Handlungen abgewickelt.

2.2.4 Deliberatives Verhalten

Als deliberatives Verhalten werden bewusste und überlegte Handlungen bezeichnet. Die freundliche Aufforderung „Überleg doch mal!" erinnert daran, sich vor Handlungsbeginn über seine Ziele und die möglichen Wege dorthin klar zu werden. Es gibt keine automatisch und von selbst ablaufenden Handlungen mehr. Vielmehr werden Ziele vorgegeben, die es zu erreichen gilt. Es handelt sich um zweckrationales Vorgehen.
Durch bewusstes Überlegen kann eine Aktionsfolge bestimmt werden, die vom Ausgangszustand auf den gewünschten Zielzustand führt.
Beispiele hierfür wären die folgenden:
- Man verspürt ein starkes, als unangenehm empfundenes Hungergefühl, von dem man sich gern befreien möchte. Um dem Bedürfnis nach Nahrung gerecht zu werden, erwägt man Schritte, wie das zu erreichen ist.
- Man möchte von der eigenen Wohnung zum Bahnhof gelangen. Durch Überlegen und Planen kann man sich eine Reihe von Handlungen zurechtlegen, die vom Ausgangspunkt zum gewünschten Zielzustand führen.
- Man kann sich zum Ziel setzen, Arzt zu werden. Durch Nachdenken kann man sich darüber klar werden, wie dieses Ziel schrittweise erreicht werden kann.

Der angestrebte Zielzustand kann sich sowohl auf die Befriedigung von Bedürfnissen wie auch auf die Verfolgung von selbst gewählten Vorstellungen beziehen. Man kann sich z.B. überlegen, ob man dem Bedürfnis zu essen folgen will oder einer anderen Handlung den Vorzug geben möchte.
Der Mensch hat die Möglichkeit, innerhalb bestimmter, durch äußere oder auch innere Gegebenheiten vorgegebener Grenzen die von ihm erdachten Handlungen auszuführen. Er handelt dann bewusst und willentlich. Er kann über reaktives, unbewusstes und erlerntes Verhalten hinausgehen.
Deliberatives und damit bewusstes, absichtsgeleitetes Verhalten umfasst nicht nur Handlungen, die sich auf die Umwelt beziehen. Vielmehr kann

das Ziel, das man durch Handlungen zu erreichen sucht, auch der eigene innere Zustand sein.

Jemand ist z.B. sehr aufgeregt. Er vermag nun innerhalb bestimmter Grenzen durch bestimmte Handlungen einen weniger aufregenden Zustand zu erreichen und diese Emotion zu steuern und zu beherrschen. Die Psychologie hat im Bereich der emotionalen Intelligenz hierzu wichtige und interessante Sachverhalte zutage gefördert. (Siehe hierzu [17])

Man stellt z.B. fest, dass man ängstlich oder wütend ist. Man kann nun versuchen, die Angst oder die Wut zu beeinflussen, indem man versucht, Abstand zu gewinnen und sich z.B. klar macht, dass für diese Emotionen eigentlich kein Grund besteht.

2.2.5 Der kognitive Prozess

Es ist wichtig zu sehen, dass bei deliberativem Handeln zwei kognitive Prozesse vorgeschaltet sind. Zunächst muss in einer Entscheidung das erstrebte Ziel bestimmt werden. Zum zweiten muss ein Planungsvorgang eine Reihe von Handlungen entwickeln, die vom gegenwärtigen Ausgangszustand auf das gewünschte Ziel hinführen.

Beim Ziel, das man erreichen möchte, kann es sich zunächst um abgeleitete Ziele handeln, die man um eines anderen, unter Umständen höherwertigen Zieles willen anstrebt. So kann man sich z.B. zum Ziel setzen, sein Gewicht zu reduzieren. Dieses Ziel ist nicht unbedingt ein Selbstzweck sondern kann sich aus dem Ziel ergeben, ein attraktives Äußeres aufzuweisen, um damit soziale Anerkennung zu gewinnen. Auch das Ziel der sozialen Anerkennung muss nicht unbedingt letztes, nicht mehr ableitbares Ziel sein. Man kann nach sozialer Anerkennung streben, weil dieser Sachverhalt ein angenehmes Gefühl vermittelt. Damit wäre das angenehme Gefühl das übergeordnete Ziel, aus dem neben anderen auch die soziale Anerkennung folgt.

Die Rückverfolgung der Ziele wird irgendwo ein Ende haben müssen. Es wird ein oder mehrere übergeordnete Ziele geben, die sich nicht weiter ableiten lassen.

An dieser Stelle sei kurz auf Aristoteles verwiesen. Aristoteles gelangt bei der Rückführung der Ziele auf ein einziges Endziel, das seiner Meinung nach rational begründbar ist. Im Gegensatz dazu wird an dieser Stelle festgehalten, dass es durchaus mehrere oberste, nicht ableitbare Ziele geben kann, die sich allerdings nicht rational letztbegründen lassen, sondern die in einer freien Entscheidung als Ausdruck der Persönlichkeit gewählt werden müssen.

Bei der Ableitung eines untergeordneten Zieles aus einem übergeordneten Ziel ist ein rationaler Denkprozess erforderlich. Man muss prüfen, ob sich das untergeordnete Ziel tatsächlich aus dem übergeordneten Ziel ergibt und sich dadurch rechtfertigen lässt. Wer nach sozialer Anerkennung strebt, muss feststellen, ob die Gewichtsreduktion tatsächlich ein Erfolg versprechendes Zwischenziel ist, das auf das angestrebte Endziel hinführt.

In vergleichbarer Weise ist auch bei der Ermittlung der Handlungen, die auf das Ziel hinführen sollen, ein rationaler Prozess erforderlich. Man muss überlegen, welche Handlungen welche Konsequenzen haben und welche Situationen sich durch die geplanten Handlungen ergeben. Wenn man sein Gewicht reduzieren will, ist man gut beraten, sich sorgfältig zu überlegen, ob eine Diät, die in wenigen Wochen einen dramatischen Erfolg verspricht, wirklich sinnvoll ist, oder eher zu eine Situation führt, in der man nur Geld verloren hat. Vielleicht würde einer rationale Überlegung dazu führen, die Lebensführung zu modifizieren und sich körperlich mehr zu bewegen?

Um die vorgegebenen Ziele verwirklichen zu können, bedarf es des Weltwissens. Man muss Erfahrung haben, um bestimmen zu können, welche Handlungen erfolgreich sein könnten. Dieses Weltwissen betrifft zunächst die äußere Umwelt. Wer Arzt werden möchte, muss z.B. die Schritte kennen, die einer nach dem anderen zum angestrebten Beruf führen.

Gleichzeitig muss man jedoch auch sich selbst kennen und über Selbsterkenntnis verfügen. Das heißt, man muss in der Lage sein, sich sozusagen wie von außen zu betrachten, um festzustellen, in welchem physischen, emotionalen oder kognitiven Zustand man sich befindet und welche persönlichen Möglichkeiten zur Verfügung stehen.

Sowohl das Weltwissen wie auch die Selbsterkenntnis können unzureichend und fehlerhaft sein und damit nicht immer den korrekten Zustand wiedergeben. Man kann sich sowohl über die Welt als auch über sich selbst täuschen. Fehlerhaftes Weltwissen und unzureichende Selbsterkenntnis führen fast immer dazu, dass die ausgeführten Handlungen nicht erfolgreich sind und das angestrebte Ziel nicht erreicht wird.

Die Alltagserfahrung zeigt, dass den Bemühungen, die Umwelt oder sich selbst durch eine Reihe von Handlungen zu verändern, ganz natürliche Grenzen gesetzt sind. Man kann nicht immer das verwirklichen, was einem vorschwebt.

3 Motive menschlichen Handelns

Unter einem Motiv wird ein interner Drang verstanden, einen bestimmten Zustand zu erreichen. Ein derartiger Zustand kann entweder als angenehm oder als weniger unangenehm empfunden werden. Ein Motiv kann jedoch auch entstehen, wenn sich der angestrebte Zustand auf die eigenen Zielvorstellungen bezieht.

Welche Handlung tatsächlich ausgeführt wird, hängt von mehreren Faktoren ab. Dazu gehören zunächst die äußeren Umstände.

Man kann z.B. als Motiv feststellen, ein als unangenehm empfundenes Hungergefühl zu beseitigen. Die Handlungen, die dazu infrage kommen, werden von den zur Verfügung stehenden Möglichkeiten bestimmt. Man kann zum Eisschrank gehen und sich dort bedienen, falls es dort etwas zu holen gibt. Anderenfalls wird man in ein Lebensmittelgeschäft oder in ein Restaurant gehen müssen.

Ein weiteres Beispiel betrifft einen selbst gewählten Zielzustand, der nicht unbedingt mit Bedürfnissen zu tun hat. Wer als ökologisch Bewusster etwas für den Umweltschutz tun will, wird von einem dementsprechenden Motiv geleitet sein. Er hat dann zahlreiche Handlungsoptionen. Welche Handlung er im Einzelnen wählt, hängt von der jeweiligen Situation ab.

3.1 Motivstärke

Ein wichtiger Gesichtspunkt, der die Auswahl der Motive betrifft, ist die Konkurrenz gleichzeitig bestehender Motive.

Es ist offensichtlich, dass verschiedene Beweggründe zur Ausführung von Handlungen auch gleichzeitig auftreten können. Daraus folgt, dass die unterschiedlichen Motive in Konkurrenz zueinander stehen. So kann man z.B. Zeit das Motiv verspüren, sich im Liegestuhl auszuruhen, um dem Ruhebedürfnis zu folgen. Zur gleichen Zeit fühlt man das Motiv, sich an den Schreibtisch zu setzen, um eine dringende Arbeit abzuschließen.

Um verstehen zu können, welches Motiv sich durchsetzt und welche Handlung dann tatsächlich auch ausgeführt wird, muss überlegt werden, wie die Stärken unterschiedlicher Motive entstehen und auf welche Weise entschieden wird, welches Motiv letztendlich die Handlung bestimmt. Es wird sich zeigen, dass nicht notwendig das Motiv mit der höchsten Motivstärke handlungsleitend wird.

Die Stärke eines Motivs hängt von einer Reihe von Faktoren ab. Einmal spielt das erlebte oder vorgestellte Lust- oder Unlustgefühl eine wichtige Rolle. Je unangenehmer das Hungergefühl ist, umso stärker wird das Motiv sein, diesen Zustand zu beseitigen.

Weiterhin kann die Motivstärke auch z.B. durch die Wichtigkeit, die man einem Ziel zumisst, beeinflusst werden. Je wichtiger und je bedeutsamer das Ziel ist, umso stärker wird das Motiv sein, die Handlung, die zu diesem Ziel führt, auszuführen. Außerdem könnte es unter Umständen sein, dass die Stärke eines Motivs wächst, je näher man dem Ziel bereits gekommen ist. Gleich hat man das, was man erreichen möchte, tatsächlich erreicht.

Die Motivstärke wird auch von gedanklichen Vorstellungen beeinflusst. Man kann sich eine zukünftige Situation denken, die in der Zukunft liegt und doch das gegenwärtige Handeln bestimmt.

Man kann entweder eine ganze Tafel Schokolade später oder nur ein kleines Stück jetzt bekommen. Kann man auf die sofortige Bedürfnisbefriedigung hintanstellen und auf das kleine Stück jetzt verrichten um später die ganze Tafel Schokolade essen zu können.

Die Motivstärken zeigen in der Regel eine eigene Dynamik. Das heißt, dass sie sich im Laufe der Zeit ändern können. So kann es z.B. geschehen, dass das zunächst schwächere Motiv, im Liegestuhl zu liegen, langsam stärker wird und dann in der Lage ist, das Motiv, eine Arbeit fertig zu stellen, zu überholen. „Überholvorgänge" dieser Art machen deutlich, wie es kommen kann, dass man nach einer Weile „schwach" wird und einem Motiv nachgibt, dem man eine Zeitlang widerstanden hat.

Der Mensch ist in der Lage, verschiedene Motive zur Kenntnis zu nehmen, sie zu beurteilen und zu bewerten und dann nach übergeordneten Gesichtspunkten eine bestimmte Handlung auszuwählen. Damit wird es dem Menschen möglich, sich bewusst für ein Motiv zu entscheiden, das zum gegenwärtigen Augenblick nicht unbedingt die höchste Motivstärke und damit auch nicht die höchste Dringlichkeit aufweist. Es ist der Wille, der den Menschen dazu befähigt.

Es kann durchaus sein, dass das Motiv, eine wichtige Arbeit zu Ende zu führen, eine geringere Motivstärke hat als das Motiv, im Liegestuhl zu liegen. Das Pflichtbewusstsein führt dazu, der Versuchung zu widerstehen und etwas zu tun, was der „Motivarithmetik" zufolge eigentlich nicht getan worden wäre.

3.2 Der Wille

Eine Handlungstheorie, die als Grundlage einer Lebenskunst brauchbar sein soll, muss sich mit dem Problem des Willens auseinandersetzen.

Unglücklicherweise bezeichnet die Umgangssprache mit dem gleichen Wort „Wille" zumindest drei ganz unterschiedliche Sachverhalte. Sie ist in dieser Beziehung ungenau.

Einmal kann der Wille ein Verhalten bezeichnen, das aus eigenem Antrieb erdacht wurde, um ein angestrebtes Ziel zu erreichen. Der Wille steht hier in direktem Zusammenhang mit deliberativem Verhalten.

Das Ziel sei Ablenkung und Vergnügen. Durch einen Überlegungsprozess bin ich zur Überzeugung gekommen, ins Kino zu gehen. Ich äußere den folgenden Satz:

„Ich will heute Abend ins Kino gehen."

Damit gleichbedeutend ist der Satz:

„Es ist mein Wille, heute Abend ins Kino zu gehen."

Hierdurch vermag die Sprache auszudrücken, dass eine bewusst geplante Handlung vorliegt. Zur Verdeutlichung wird dieser Wille an dieser Stelle Handlungswille genannt.

Weiterhin kann sich der Wille auf den Zielzustand beziehen, der verwirklicht werden soll.

So kann ich mir z.B. vornehmen, eine vorteilhafte, äußere Figur zu erreichen. Ich äußere den folgenden Satz:

„Ich möchte gern gut aussehen und sportlich wirken!"

Damit gleichbedeutend ist der Satz:

„Es ist mein Wille, gut auszusehen und sportlich zu wirken."

Hierdurch vermag die Sprache auszudrücken, dass nicht die Handlung angestrebt wird. Vielmehr soll deutlich werden, dass ein bestimmter Zielzustand als erstrebenswert gilt. Der Wille, der sich auf die Auswahl eines Zielzustandes bezieht, wird Zielwille genannt.

Bei Handlungswille und bei Zielwille ist der Begriff des freien Willens möglich. In beiden Fällen wird explizit und gesondert darauf abgehoben, dass sowohl die Handlung durch eine freiwillige, rationale Überlegung wie auch der Zielzustand durch eine eigene freie Entscheidung entstanden sein können und nicht durch äußere Bedingungen determiniert wurden.

Eine ganz anders geartete Bedeutung erhält der Begriff Wille, wenn man sich die nachfolgenden Sätze ansieht:

„Mit meinem Willen war ich in der Lage, mir das Rauchen abzugewöhnen."

„Mein Wille war nicht stark genug, mich gegen die Versuchung, eine Zigarette zu rauchen, zur Wehr zu setzen."

In diesem Fall handelt es sich beim Willen um die mögliche Fähigkeit, die Motivstärke, die zu einer bestimmen Handlung drängt, zu beeinflussen. Man kann ein starkes Motiv, das zunächst handlungsleitend ist, durch einen Willensakt nicht zur Ausführung kommen lassen und damit anderen Motiven den Vortritt lassen.

Zur Verdeutlichung wird dieser Wille im Gegensatz zu Handlungswille oder Zielwille an dieser Stelle Entschlusswille genannt.

Die Unterscheidung der drei unterschiedlichen Begriffe, die in der Alltagssprache mit dem selben Wort „Wille" bezeichnet werden, mag engstirnig und kleinkariert erscheinen. Sie ist jedoch zur Klärung der realen Sachverhalte, die das menschliche Verhalten bestimmen, nützlich und hilfreich.

Die Willensstärke scheint eine individuelle Eigenschaft zu sein. Es gibt willensstarke und willensschwache Persönlichkeiten.

Die Alltagserfahrung zeigt, dass es nicht unbegrenzt möglich ist, mit Hilfe seines Entschlusswillens alle Motive in Schranken zu halten. Die menschliche Fähigkeit, regulierend in das Leben der Motive einzugreifen, ist begrenzt. Die Stoiker, die eine uneingeschränkte Beherrschung der Motive durch den vom Verstand geleiteten Entschlusswillen postulieren, gehen von einem ganz und gar unrealistischen Menschenbild aus.

Nach dieser Bestimmung des Begriffs des Entschlusswillens wird es verständlich, wie es sein kann, dass man sehr wohl weiß, was man eigentlich tun sollte, es jedoch nicht tut, nicht tun will oder nicht tun kann.

Die Aussage von Paulus in Römer 7.15 ist immer noch aktuell:

Denn ich weiß nicht, was ich tue.
Denn ich tue nicht, was ich will;
sondern was ich hasse, das tue ich.

Offensichtlich kann ein Motiv eine Stärke erreichen, die es dem Entschlusswillen unmöglich macht, die hiermit verbundenen Handlungen unter Kontrolle zu halten. Oftmals sind es die Leidenschaften, Begierden oder Emotionen, gegen die man mit gutem Entschlusswillen und guten Vorsätzen nichts ausrichten kann.

Man sieht, dass der Entschlusswille nicht allmächtig ist. Besonders starke Motive, die zur Bedürfnisbefriedigung drängen, können handlungsleitend werden und den Entschlusswillen in seine Schranken weisen.

Was könnte man in einer solchen Situation empfehlen?

Einmal kann man sich um Willensstärke bemühen. Vielleicht ist es möglich, die eigene Willensstärke zu schulen und dem eigenen Entschlusswillen mehr Beachtung zukommen zu lassen.

Weiterhin sind die Gewöhnung und die Erziehung von gesonderter Bedeutung. Höchst selten sind die Situationen, in denen man bewusst und willentlich eine Handlung auswählt und tut. Fast immer handelt man mehr oder weniger automatisch und durch Gewohnheit und Erziehung geprägt. Hieraus folgt, dass sowohl Gewöhnung als auch die Erziehung einen entscheidenden Anteil daran haben, eine einmal gewählte Lebensform auch gegen Widerstände verwirklichen zu können.

Bereits Aristoteles hebt in seiner Ethik die Bedeutung der Gewöhnung für ein sittliches Leben hervor.

An einem Beispiel soll das Zusammenspiel der Motive und der Einfluss des Entschlusswillens deutlich gemacht werden:

Ein Mensch zeichnet sich durch ein hohes Essbedürfnis aus. Er isst gern und gut. Gleichzeitig ist er bemüht, sein äußeres Aussehen im Normbereich zu halten. Um diese Mitte zu erreichen, bemüht er sich um eine gesunde Ernährung und verzichtet, z.B. auf besonders kalorienreiche Nahrung. Sein Motiv zur Ausführung von Handlungen, die zu einer guten Figur führen, ist dementsprechend hoch.

Nun kommt ein Stück Torte auf den Tisch.

Wird der Mensch der Torte widerstehen können? Das wird sicherlich von der Stärke des Reizes abhängen, den die Torte ausübt, und von der Stärke des Motivs, eine gute Figur zu erreichen.

Bei einer weniger schmackhaften Torte wird das dazugehörige Ess-Motiv weniger stark sein als das Motiv, gut auszusehen. Der Mensch kann auf die Torte verzichten.

Sieht die Torte jedoch besonders lecker aus, könnte es sein, dass das Ess-Motiv das stärkste ist und dann handlungsleitend wird. Der Mensch knickt ein und isst. Sein figurgetontes Motiv ist schwächer.

Soweit kommt in dieser Geschichte der Entschlusswille noch nicht vor.

Falls der Mensch jedoch über einen starken Entschlusswillen verfügt, kann er versuchen, auf die Motive Einfluss zu nehmen, das Ess-Motiv trotz seiner Stärke zu missachten und dem figurbetonten Motiv zu folgen. Wollen wir hoffen, dass ihm das gelingt.

Nun ist es jedoch leicht möglich, dass der Entschlusswille nicht mehr in der Lage ist, das Ess-Motiv in seiner Stärke so weit zu beherrschen, dass es nicht mehr handlungsleitend wird. Der Mensch wird trotz aller Willensanstrengung die Torte essen.

Was folgt daraus? Wenn der Mensch über Erfahrung verfügt, er sich selbst kennt und er weiß, dass er der Torte nicht widerstehen kann, wird er eine Situation meiden, der er nicht gewachsen ist.

Und wenn er dann doch in eine derartige Situation gerät?

Man kann nur hoffen, dass er dann die Torte mit Lächeln und ohne schlechtes Gewissen isst, mit dem Bewusstsein, dass sein alter Ego, das ja auch ein Teil seines Selbst ist, ihm wieder einmal einen Streich gespielt hat. Man muss nicht nur seinen Schuldigern vergeben können sondern auch sich selbst.

Die Einfachheit dieses Beispiels darf nicht darüber hinwegtäuschen, dass es sich um grundsätzliche Einsichten handelt, die auch für wesentlich ernsthaftere Situationen, wie z.B. jugendliche Aggression, Kindsmisshandlungen oder Sexualvergehen zutreffend sind. Offensichtlich hat die Selbstbeherrschung versagt, der eigene Entschlusswille war zu schwach oder kam nicht zum Zug. Die Motive, gegen die sich der Wille eigentlich gerichtet hat, sind handlungsleitend geworden und haben die Handlung bestimmt.

Was ist hier zu tun?

Die an dieser Stelle vorgetragenen Einsichten in die Handlungstheorie können vielleicht hilfreich sein.

Das Androhen einer strengeren Bestrafung scheint oftmals wenig zu nützen und kann dem Betroffenen in einer kritischen Situation wenig helfen. Insbesondere verbieten sich Erziehungs- oder Straflager, in denen versucht wird, den Willen zu brechen. Vielmehr muss man versuchen, den Willen in jeglicher Form zu stärken, um gefährlichen, inneren Antrieben Widerstand leisten zu können.

Um das erreichen zu können, bedarf es der Fähigkeit der Selbsterkenntnis. Diese Fähigkeit setzt den Menschen in die Lage, sich selbst wie von außen zu betrachten und seine eigenen Motive wahrzunehmen und in Grenzen zu beeinflussen. In [17] werden z.B. Projekte beschrieben, in denen gewaltbereite Jugendliche lernen, ihre Emotionen selbst als zu beobachten und zu identifizieren. Gleichzeitig lernen sie, mit diesen Emotionen kontrolliert umzugehen. Man kann hoffen, dass dieser Weg weiterführt.

Gleichzeitig muss man sehen, dass es äußere Umstände gibt, die ein so hohes Maß an Aggression erzeugen, dass ein Aggressionsmotiv entsteht, das alle anderen Motive übertrifft, willentlich nicht mehr beherrschbar ist, und das dazu führt, dass die Emotion zur Entladung kommt. Zu diesen äußeren Umständen gehören sicherlich unsichere Zukunftsaussichten, mangelnde Anerkennung durch die soziale Umgebung oder fehlendes Selbstwertbewusstsein. Hier müssen die äußeren Umstände geändert werden.

Weiterhin wird die Erziehung und Gewöhnung eine wichtige Aufgabe übernehmen müssen. Ihre Wirkkraft darf nicht unterschätzt werden.

3.3 Freiheit

Eine Handlungstheorie muss die Doppeldeutigkeit des Begriffes „Freiheit" beachten. Muss man Handlungsfreiheit und Willensfreiheit unterscheiden.

Die Handlungsfreiheit bezieht sich auf die Möglichkeit, das, was man sich bewusst vorgenommen hat, auch ausführen zu können. Sie hat ihren Platz im Rahmen des deliberativen Verhaltens und steht in Zusammenhang mit dem Handlungswillen: Man will eine Handlung ausführen und ist dazu im Stande, da keine äußeren Umstände daran hindern.

Unter Willensfreiheit versteht man die Möglichkeit, sich eigene Ziele setzen und eigene Wertvorstellungen entwickeln zu können. Hier geht es um den Zielwillen.

Der berühmte Ausspruch:
„Ich kann tun, was ich will.
Kann ich auch wollen, was ich will?"
zeigt, dass Handlungswille und Zielwille streng auseinander zu halten sind.

Die Handlungsfreiheit selbst zeigt wiederum zwei Aspekte. Es gibt zunächst die äußere Handlungsfreiheit, die darin besteht, dass man bei den eigenen Handlungen, ganz gleich von welcher Art sie sein mögen, durch äußere Umstände nicht behindert wird. Jemand, der z.B. spazieren gehen möchte und in ein Zimmer eingesperrt ist, kann die von ihm angestrebte Handlung nicht ausführen. Er ist nicht frei. Diese Art von Freiheit bzw. Unfreiheit beobachtet man bei allen Lebewesen.
In ähnlicher Weise gibt es die innere Handlungsfreiheit. Hier sind es nicht die äußeren Umstände, die die Ausführung einer bewusst und willentlich geplanten Handlung verhindern, sondern die in der eigenen Persönlichkeit verankerten Einschränkungen. Zwei Beispiele sollen das erläutern:
Wer sich vorgenommen hat, weniger zu essen und sich gegen sein eigenes Hungergefühl daran halten kann, ist frei. Wer hingegen von seinem Hungergefühl übermannt wird und gegen seine guten Vorsätze handelt, ist unfrei.
Wer sich gegen seinen Willen von seinen Emotionen, wie z.B. Zorn, hinreißen lässt, handelt unfrei. Wer diese Emotionen kontrollieren kann, von ihnen unabhängig ist und gegen sie das tut, was er sich bewusst und willentlich vorgenommen hat, verfügt über innere Freiheit.

Es ist unstrittig, dass es Handlungsfreiheit gibt. Es ist möglich, innerhalb von Grenzen den eigenen Vorstellungen entsprechend verändernd auf die Umwelt oder auf sich selbst einzuwirken. Man ist frei von Einschränkungen. Es handelt sich um „Freiheit wovon".
Die Willensfreiheit erlaubt, sich selbst Ziele zu setzen, die nicht determiniert sind sondern einer eigenen, durch nichts festgelegten persönlichen Entscheidung entspringen. Man ist „frei wozu".
Inwieweit Willensfreiheit tatsächlich möglich ist, wird zurzeit intensiv diskutiert. An dieser Stelle muss die Antwort auf diese Frage offen bleiben.

4 Zusammenfassung

Die hier vorgestellte Handlungstheorie räumt dem Menschen in Grenzen die Möglichkeit ein, eine eigene Lebensform zu wählen. Um diese Lebensform dann zu verwirklichen, kann man eine Reihe von Handlungen entwerfen, die auf den gewählten Zielzustand hinführen. Die der Ausführung unter Umständen entgegenstehenden Antriebe und Emotionen sind wiederum in Grenzen durch den Willen kontrollierbar.

Literatur

[1] Hudson, W.D.; Modern Moral Philosophy; Macmillan Company, New York 1970

[2] Garner, Richard; Moral Philosophy; Macmillan Company, New York 1967

[3] Hartmann, Nicolai; Ethik; Walter de Gruyter, Berlin 1962

[4] Etzioni, Amitai; Die Entdeckung des Gemeinwesens. Ansprüche, Verantwortlichkeiten und das Programm des Kommunitarismus; Schäffer-Poeschel Verlag, Stuttgart 1995

[5] Keller, Guido; Bushidō, Die sieben Tugenden des Samurai; Piper Verlag, München 2008

[6] http://de.wikipedia.org/wiki/Tugend

[7] von Glasenapp, Helmuth; Die fünf Weltreligionen; Heyne Sachbuch, München 1963

[8] Pieper Josef; Zucht und Maß; Kösel Verlag, München, 1964

[9 Riesmann, David; Die einsame Masse; Luchterhand Verlag, Darmstadt 1956

[10] www.deutscheroffizier.de/Wertetapferkeit.asp

[11] http://de.wikipedia.org/wiki/Universum

[12] http://www.evolution-mensch.de/thema/stammbaum/stammbaum.php

[13] de Bonis, Louis; Vom Affen zum Menschen; Spektrum Compact; 2004

[14] Schmidt, Bernd; Die Philosophie des Rechts; http://schmidt-bernd.eu/philosophie/Recht/Philosophie_Recht

[15] Rawls, John; Theorie der Gerechtigkeit; Suhrkamp Verlag, Frankfurt 1979

[16] Popper,Karl; The Open Society and its Enemies;
Princeton University Press, Princeton 1966

[17] Goleman Daniel; Emotional Intelligence;
Bloomsbury Publishing, London 1995

[18] Maslow Abraham, H.; Motivation und Persönlichkeit;
Rowohlt Taschenbuchverlag, Reinbeck bei Hamburg, 1981

[19] Reiss Steven; Who am I?; Jeremy P. Tarcher/Putnam,
New Jeremy P. Tarcher/Putnam, New York 2000

Bernd Schmidt

Die Kunst der Kunstbetrachtung

Shaker Media

ISBN 978-3-940459-29-9
64 Seiten, 9,80 Euro

Zu bestellen unter
www.shaker-media.de

Wozu ist Kunst nütze? Gibt es objektive Verfahren für die Interpretation von Kunstwerken? Muss Kunst schön sein? Muss Kunst wahr sein? Wie unterscheidet man Kunst von Nichtkunst? Ist die Kunst der Gegenwart Kunst? Kann Werbung Kunst sein? Geht es bei Kunst um Erkennen oder um Verstehen? Oder worum sonst?

Kunstwerke sind Kommunikationsobjekte, mit deren Hilfe Einstellungen vom Kunstschaffenden an den Betrachter übertragen werden. Hierbei sind Einsichten der Psychologie sowie Erkenntnisse der Kommunikationstheorie und der Semiotik als der Wissenschaft von den Zeichen bedeutsam. An Hand zahlreicher Beispiele wird versucht, diese Aussage auf ihre Tragfähigkeit hin zu überprüfen.

Das Buch richtet sich an alle, denen Kunst nicht gleichgültig ist und die sich um ein Verständnis all der Objekte bemühen, die von Anbeginn der Menschheitsgeschichte geschaffen worden sind und denen man einen besonderen Wert zuordnet, indem man sie mit dem Wort Kunst auszeichnet.

Eine ernsthafte Auseinandersetzung mit mittelalterlichen Kunstwerken darf nicht bei einer äußeren Beschreibung stehen bleiben. Sie sollte sich auch nicht nur in persönlich unbeteiligter Weise mit kunsthistorischen Fragen beschäftigen. Vielmehr enthält ein Kunstwerk immer auch die Aufforderung zur persönlichen Stellungnahme. Das gilt in ganz besonderem Maße für Kunstwerke aus dem religiösen Bereich.

Dabei muss man fragen dürfen, in wie weit die in bildhafter Form ausgedrückten Überzeugungen auch heute noch Verbindlichkeit beanspruchen können und nicht unter Umständen als überholt und nicht mehr zutreffend beiseite gelegt werden müssen.

Was bleibt wahr auch nach langer Zeit?

An einigen Kunstwerken aus der Nürnberger Sebalduskirche soll gezeigt werden, wie man dabei vorgehen kann. Hierbei entstand eine ganz persönliche Darstellung, die in keinem Fall irgendeine Verbindlichkeit beansprucht. Vielmehr möchte sie dazu einladen, die hier vorgestellten Gedanken nachzudenken, sich mit ihnen auseinander zu setzen und zu einer eigenen Stellung zu gelangen.